BIANQIAN HUDONG
JIAORONG YU FAZHAN

变迁、互动、交融与发展

——现代化进程中台江苗族体育调查研究

曾晓进 著

北京师范大学出版集团
BEIJING NORMAL UNIVERSITY PUBLISHING GROUP
北京师范大学出版社

图书在版编目(CIP)数据

变迁、互动、交融与发展：现代化进程中台江苗族体育调查研究/曾晓进著. —北京：北京师范大学出版社，2012.5
ISBN 978-7-303-14159-3

Ⅰ. ①变… Ⅱ. ①曾… Ⅲ. ①苗族-民族形式体育-调查研究-中国 Ⅳ. ①G852.9

中国版本图书馆CIP数据核字(2012)第019694号

营销中心电话　010-58802755　58800035
北师大出版社职业教育分社网　http://zjfs.bnup.com.cn
电子信箱　bsdzyjy@126.com

出版发行：北京师范大学出版社　www.bnup.com.cn
北京新街口外大街19号
邮政编码：100875
印　刷：唐山市润丰印务有限公司
经　销：全国新华书店
开　本：170 mm×230 mm
印　张：11.75
字　数：205千字
版　次：2012年5月第1版
印　次：2012年5月第1次印刷
定　价：21.00元

策划编辑：周光明　责任编辑：周光明
美术编辑：高　霞　装帧设计：华鲁印联
责任校对：李　菡　责任印制：吕少波

版权所有　侵权必究
反盗版、侵权举报电话：010-58800697
北京读者服务部电话：010-58808104
外埠邮购电话：010-58808083
本书如有印装质量问题，请与印制管理部联系调换。
印制管理部电话：010-58800825

若我们怀着敬意去真正了解其他人（即使是野蛮人）的基本观点……我们无疑会拓展自己的眼光。如果我们不能摆脱我们生来便接受的那种风俗、信仰和偏见的束缚，我们便不可能达到苏格拉底那种“认识自己”的智慧。就这种观念而言，养成能用他人的眼光去看他人的信仰和价值的习惯，比什么都更能给我们以启迪。当今之世……所有被珍视和宣称为宗教、科学与文明最高成就的理想已随风而逝，文明的人类从来没有什么时候比现在更需要宽容。人类以它最细致和最深邃的形态，应该在理解其他人类观念的基础上，指引我们达到这种见识、慷慨和宽大。

——［英］马林洛夫斯基

台江县地理篇

台江县城门户标志

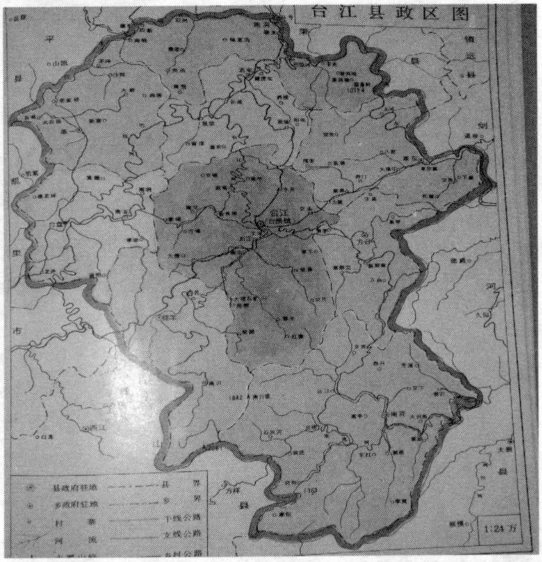

台江县地图

施洞镇巴拉河村

台江县民俗活动篇

巴拉河村苗族妇女刺绣

施洞镇芳寨踩鼓场竣工接姑妈游行活动

苗族银饰

台江县民俗节日篇

施洞镇独木龙舟节

台江县2010年“多彩贵州”第二届贵州民族体育旅游节暨第二十届贵州苗族姊妹节开幕式

姊妹节千人踩鼓

台江县2010年元宵节

元宵舞龙

台江县苗族体育篇：传统体育之一

独木龙舟竞赛

舞龙嘘花①

台江县苗族体育篇：传统体育之二

苗族踩鼓

苗族板凳舞

苗族反排木鼓舞②

苗族跳芦笙

台江县苗族体育篇：传统体育之三

苗族斗牛

苗族斗狗

苗族斗鸡

台江县苗族体育篇：儿童体育

“打 架”

骑自行车

打陀螺

滑 板

跷跷板

台江县苗族体育篇：儿童场地、器材

自制弓箭

自行车

山坡、田间活动场所

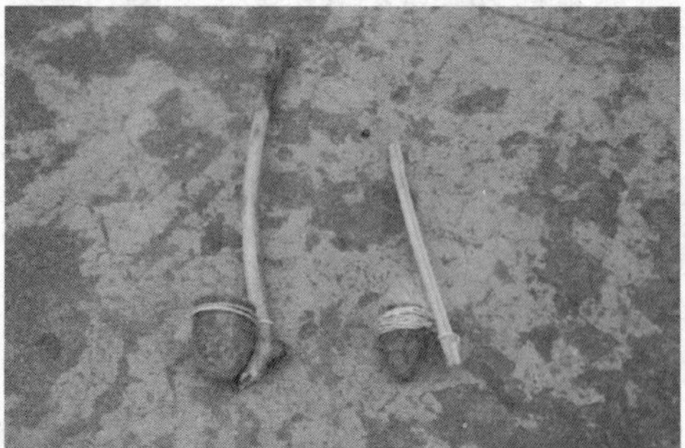

自制陀螺

村落场地

台江县苗族体育篇：场地、器材

木　鼓

铜鼓

独木龙舟及龙舟棚

舞狮、花灯

斗牛场

简易篮球计分牌

踩鼓场

台江县苗族体育篇：现代体育

苗族村寨篮球赛

台江翁密河漂流③

姊妹节中的散打比赛④

说明：图片①②③转引自贵州省台江县人民政府网，图片④转引自新华网。

目　录

第一章　绪　论 ………………………………………………………… (1)
第一节　研究背景 ………………………………………………………… (1)
一、社会背景 ……………………………………………………………… (1)
二、学术背景 ……………………………………………………………… (3)
第二节　概念框架 ………………………………………………………… (4)
一、现代化及现代进程的理解与界定 ………………………………… (4)
二、苗族与苗族体育研究概况 ………………………………………… (7)
三、前人的研究 …………………………………………………………… (8)
（一）非体育学科领域 …………………………………………………… (8)
（二）体育学科领域 ……………………………………………………… (11)
（三）苗族体育研究趋势 ………………………………………………… (15)
第二章　研究设计与过程 …………………………………………… (17)
第一节　研究设计 ………………………………………………………… (17)
一、选题的缘由与研究目的、意义 ……………………………………… (17)
（一）选题的缘由 ………………………………………………………… (17)
（二）研究的目的与意义 ………………………………………………… (18)
二、研究思路、内容与技术路线 ………………………………………… (19)
（一）研究总体思路 ……………………………………………………… (19)
（二）研究内容 …………………………………………………………… (20)
（三）技术路线 …………………………………………………………… (21)
三、研究范式 ……………………………………………………………… (22)
（一）“质的研究”的发展历程 ………………………………………… (22)
（二）“质的研究”界定和特征 ………………………………………… (23)

（三）“质的研究”适合的议题 …… （23）
（四）研究的观点与视角 …… （25）
第二节 研究对象与地点 …… （29）
一、研究对象 …… （29）
二、研究地点 …… （31）
（一）选择研究地点 …… （31）
（二）进入田野研究点 …… （32）
第三节 研究方法 …… （32）
一、方法论 …… （32）
二、研究方法与技术手段 …… （34）
（一）田野调查 …… （34）
（二）实地调查 …… （36）
（三）文献资料分析 …… （36）
（四）比较研究 …… （37）
三、信度与效度 …… （37）
（一）信度的处理 …… （37）
（二）效度的处理 …… （38）
四、研究的伦理与政治 …… （39）
第三章 现代化进程中苗族体育的变迁——台江县个案研究 …… （41）
第一节 文化变迁与苗族体育结构划分 …… （41）
一、文化变迁 …… （41）
二、变迁阶段划分 …… （42）
三、体育结构的划分 …… （42）
（一）体育核心层次 …… （45）
（二）体育中间层次 …… （45）
（三）体育外层次 …… （46）
第二节 传统自由与政府介入期（1949—1965 年） …… （46）
一、历史背景 …… （46）
（一）政治方面 …… （47）
（二）经济方面 …… （48）
（三）文化方面 …… （49）

二、体育变迁 …………………………………………………………………… (49)
（一）物质形态层面 ………………………………………………………… (49)
（二）制度行为层面 ………………………………………………………… (51)
（三）精神思想层面 ………………………………………………………… (56)
三、影响因素 …………………………………………………………………… (57)
第三节 曲折发展时期（1966—1976 年） ……………………………………… (58)
一、历史背景 …………………………………………………………………… (58)
（一）政治方面 ……………………………………………………………… (58)
（二）经济方面 ……………………………………………………………… (59)
（三）文化方面 ……………………………………………………………… (59)
二、体育变迁 …………………………………………………………………… (60)
（一）物质形态层面 ………………………………………………………… (60)
（二）制度行为层面 ………………………………………………………… (60)
（三）精神思想层面 ………………………………………………………… (62)
三、影响因素 …………………………………………………………………… (62)
第四节 互动与恢复期（1977—1998 年） ……………………………………… (63)
一、背 景 ……………………………………………………………………… (63)
（一）政治方面 ……………………………………………………………… (63)
（二）经济方面 ……………………………………………………………… (64)
（三）文化方面 ……………………………………………………………… (64)
二、变 迁 ……………………………………………………………………… (65)
（一）物质形态层面 ………………………………………………………… (65)
（二）制度行为层面 ………………………………………………………… (66)
（三）精神思想层面 ………………………………………………………… (68)
三、影响因素 …………………………………………………………………… (68)
第五节 交融与快速发展期（1999—2009 年） ………………………………… (70)
一、历史背景 …………………………………………………………………… (70)
（一）政治方面 ……………………………………………………………… (70)
（二）经济方面 ……………………………………………………………… (70)
（三）文化方面 ……………………………………………………………… (71)
二、体育变迁 …………………………………………………………………… (72)
（一）物质形态层面 ………………………………………………………… (72)

（二）制度行为层面 …………………………………………………… (72)
（三）精神思想层面 …………………………………………………… (85)
三、影响因素 ……………………………………………………………… (85)

第四章 苗族体育的现实状态与特征——施洞苗族体育田野考察 ……………………………………………………………… (87)

第一节 施洞镇的基本情况 ……………………………………………… (88)
一、自然地理与历史沿革 ……………………………………………… (88)
二、经济状况 ……………………………………………………………… (88)
第二节 学校中的体育 …………………………………………………… (89)
一、现实的描述 …………………………………………………………… (89)
（一）时间与频次 …………………………………………………… (89)
（二）主体与地点 …………………………………………………… (90)
（三）内容与过程 …………………………………………………… (90)
（四）目的与结果 …………………………………………………… (92)
二、现实的解释 …………………………………………………………… (92)
（一）当地人的观点 ………………………………………………… (92)
（二）我的见解 ……………………………………………………… (93)
第三节 日常生活中的体育 ……………………………………………… (96)
一、现实的描述 …………………………………………………………… (97)
（一）时间与频次 …………………………………………………… (97)
（二）主体与地点 …………………………………………………… (98)
（三）内容与过程 …………………………………………………… (98)
（四）目的与结果 …………………………………………………… (100)
二、现实的解释 …………………………………………………………… (103)
（一）当地人的观点 ………………………………………………… (103)
（二）我的见解 ……………………………………………………… (103)
第四节 民俗节日中的体育 ……………………………………………… (105)
一、现实的描述 …………………………………………………………… (105)
（一）时间与频次 …………………………………………………… (105)
（二）主体与地点 …………………………………………………… (106)
（三）内容与过程 …………………………………………………… (108)

（四）目的与结果 …………………………………………………………（116）
二、现实的解释 ……………………………………………………………（116）
（一）当地人的观点 ………………………………………………………（116）
（二）我的见解 ……………………………………………………………（117）
第五节 典型案例考察 ……………………………………………………（119）
一、苗族独木龙舟 …………………………………………………………（119）
二、苗族春节篮球赛 ………………………………………………………（123）
第六节 施洞镇苗族体育特征探析 ………………………………………（129）
一、总体特征 ………………………………………………………………（129）
二、现实特点 ………………………………………………………………（130）
（一）原生态特色与乡土性 ………………………………………………（130）
（二）传统特色与自发性 …………………………………………………（130）
（三）民族特色与交融性 …………………………………………………（131）
（四）娱乐特色与交往性 …………………………………………………（131）
（五）分散性与集中性相结合 ……………………………………………（131）
第七节 与县城的比较 ……………………………………………………（132）
一、学校中的体育 …………………………………………………………（132）
二、日常生活中的体育 ……………………………………………………（135）
三、民俗节日中的体育 ……………………………………………………（136）

第五章 现代化进程中台江县苗族体育的变迁与发展 ……………（139）

第一节 变迁的特征及原因分析 …………………………………………（139）
一、变迁总体特征 …………………………………………………………（139）
（一）传统与现代相结合 …………………………………………………（139）
（二）原生态与功利性并存 ………………………………………………（139）
（三）民间调适与政府调控并行 …………………………………………（140）
（四）独立、互动与交融相伴 ……………………………………………（140）
（五）集中性与浓缩性共存 ………………………………………………（140）
二、现实特点 ………………………………………………………………（140）
（一）精神思想层面 ………………………………………………………（141）
（二）制度行为层面 ………………………………………………………（141）
（三）物质形态层面 ………………………………………………………（143）

三、变迁原因分析 …………………………………………………………（144）
（一）生产方式的变化引起体育的变迁……………………………（144）
（二）外来文化与苗族体育的互动引起变迁………………………（145）
（三）文化自身的矛盾冲突与分化引起体育变迁…………………（146）
第二节　台江县苗族体育变迁规律 ……………………………………（148）
第三节　台江县苗族体育发展对策 ……………………………………（150）

第六章　研究总结 ……………………………………………………（153）

第一节　现代化进程中台江县苗族体育研究总结 ……………………（153）
第二节　台江县苗族体育研究与苗族体育发展启示 …………………（156）
一、理论启示 ……………………………………………………………（157）
二、现实启示 ……………………………………………………………（158）

附录　田野调查内容提纲 ……………………………………………（160）

参考文献………………………………………………………………（162）

后　记…………………………………………………………………（166）

第一章
绪 论

关于现代化的界定在学术界有多种说法，其基本表达的意义是指从一个以农业为基础的人均收入很低的社会，走向着重利用科学和技术的都市化和工业化社会的巨大转变，即从传统的农业社会向现代化工业社会转变的历史过程，它是一个综合的概念。现代化是当前各国发展的历史必然，自新中国成立以来，我国就开始进行现代化建设，并且以“四个现代化”为目标，经过几代人六十多年的耕耘和建设，已取得了世人瞩目的伟业。在此历史进程中，我国社会的政治、经济、文化等各个方面都发生了巨大的变迁。根据研究的需要，本研究把中国社会发展历史进程作为研究的背景，把研究对象置于整个社会发展的历史背景之中进行考察。本研究中所指的现代化进程的历史阶段是指从 1949 年新中国建立至今的整个历史进程阶段。

第一节 研究背景

一、社会背景

从新中国成立至今，在六十多年的改革发展进程中，国家建设取得了举世瞩目的巨大成就。特别是改革开放三十多年来，中国社会日新月异，经济迅猛增长，政治体制逐步完善，文化市场逐步繁荣，整个社会发展和人们社会生活的改变突飞猛进，改革开放三十多年的发展远远超过了中国以前上百年的发展。不管是从物质财富还是精神财富方面，中国的改革成就是斐然的，成果是巨大的。另外，现代社会信息化、网络化、全球化和现代化的特征，使人与人之间的交流变得便捷和快速、频繁和多样化，人们之间的距离缩短，了解增加，交流频繁，这些特征在给我们社会发展带来巨大益处的同时，也使我们的社会面临着众多的挑战和矛盾。

中国正处于一个社会转型的历史阶段，改革开放以来，经济飞速发展，城乡面貌的改变，农村的城镇化与农业的现代化，高速公路网络的建立，信息化、网络化的发展，人们的工作方式发生改变，生活方式也随之发生变化，这种外在的变化是如此明显而直观。我国社会发展如此之快，似乎有点令人难以置信。现代社会的主旋律是改革、发展、变化，而我国的这些变化在历史的长河中仅用了30多年的时间，因而也给我们带来了巨大的冲击和许多困惑，旧的体制和制度、旧的思想观念，包括传统的一切，似乎都开始受到了冲击和挑战。埃米尔·涂尔干曾指出："处在现代社会，传统的规范和标准遭到了破坏，而新的传统和规范又没有取而代之。在社会生活的某一特定领域中，如果没有了明确的标准指导人们的行为，'社会失范'就会出现。"①现代化进程中，由于经济和社会快速发展，部分地区在思想、价值观上需要面对众多的选择，许多人会感到无所适从，出现价值观、信仰的真空，许多人可能会出现精神和价值追求的茫然无从。这是一个民族精神和民族文化在现代化进程中所面临的重要问题，这些问题的解决，无疑需要从文化研究出发。

这些冲击和挑战，这些困惑和矛盾，是社会内部的变化和外部的变化之间的差异所造成的。30多年的经验表明，社会内部的变化——体制变革、制度变革、关系变化、观念意识等——都证明了要比外部变化要艰难得多、缓慢得多。② 这种内外部之间的不同步，给我们的文化的发展提出了一个较大研究课题，如何面对传统与现代的问题，新与旧的问题，是传统的好还是现代的对？

我国正处于社会转型的交替阶段，改革与发展、继承和发扬是我们当前的一个历史性问题，中国文化该如何发展？正像一个人不能提着自己的头发而离开地面一样，中国的改革也在很大程度上延续着中国社会的自身逻辑，中国人血液中既有创新的因素也有传承的东西。如果从这个角度看，就会发现中国社会也是变革与不变革之间的一种均衡。在这种平衡中，文化的作用无疑将得以显现，如何运用文化来保持这种内外部的协调将是一个重要议题。

新中国成立60多年，国家经济的迅猛增长，社会物质财富急剧增加，我国社会已经从传统的需要解决温饱问题过渡到了现代小康社会生活，人们已经从简单的满足吃、穿、住、行的需求到了需要改善精神生活的层面，人们开始思考回归自然，提高生活质量，追求健康、快乐、幸福的心理和精神层面，开始从追求物

---

① 安东尼·吉登斯．社会学(第四版)[M]．北京：北京大学出版社，2003：198.

② 李强．中国社会变迁30年(1978—2008)[M]．北京：社会科学文献出版社，2008：3.

质享受转变为追求精神享受的小康、休闲型社会。如何提高人们的生活质量，提高人们的生活幸福感，提高人们的精神享受，建设现代小康、和谐社会成为了时代的主题。提高人们生活质量，增加人们精神享受和精神生活是现代休闲小康社会的重要任务，文化的导向作用是毋庸置疑的，如何运用文化来解决人们的精神生活和精神享受，提高人们生活质量也成为当前的重要研究议题。

改革开放以来，我国实施“发展才是硬道理和让部分地区先富起来”的战略，并在沿海地区和东部地区率先实行，并取得了巨大成效。1999 年党中央国务院又提出了实施“西部大开发”的重要决策，经过十多年的发展，西部地区取得了长足进步。但从全国的总体水平来看，还是呈现出“沿海地区和东部地区领先于西部地区，民族地区落后于非民族地区”的态势。社会发展的不平等必然会产生社会问题，各民族如何共同进步、共同发展、共同繁荣、和谐共处已成为现代社会越来越关注和重视的问题。

促进少数民族地区经济发展和社会进步已提上日程，对于苗族体育的研究是关注苗族的文化权利、关注苗族的健康权、体育权，是促进苗族与其他民族共同协调发展，是当今我国实现民族平等，推动、促进民族地区社会发展构建和谐社会的一项重要举措。

二、学术背景

当今世界是一个发展的世界，开放的世界，社会经济和科学技术迅速发展，大大改变了人们的工作方式和生活方式，因而对文化的发展也提出更高的要求，文化研究成为社会科学研究的主题。世界文化的研究是顺应社会历史发展规律，符合当今社会发展的现实需要。民族学、人类学、文化学的研究在当今也成为了研究的主题。充分挖掘各民族文化，研究各民族文化是尊重各民族文化，实现民族文化平等，促进世界民族文化共融和发展的重要手段之一。

现代社会是一个网络信息化、经济全球化、文化多元化的社会，传统封闭的自给自足的自然经济模式已经被打破了，社会经济的发展和科学技术的进步使得人与人之间、族群与族群之间、地区与地区之间、国与国之间的交流日益频繁，在多元文化的社会大背景之下，不同民族文化之间的交流与碰撞也开始产生，文化的独立性和交融性也开始凸显，由此也产生了一系列的文化研究议题，如何处理文化的传统与现代、继承与发扬、独立与交融的问题已成为人类学、文化学和民族学不容忽视的重要方面，文化已经成为世界学术研究的重要领域和社会科学研究中的重要内容，特别是各民族文化与他民族文化之间的交流与共存，各民族传统文化与现代文化之间的冲突。

从社会背景和学术背景的总体来看，在现代化进程中，经济全球化、社会信息化、文化多元化是主体特征。在此历史进程中，民族文化、民族体育正面临现代化特征所带来的各种问题和矛盾。经济的发展不等于整个社会的和谐发展，和谐社会与小康社会不仅仅指的是经济的发展，而应该是政治、经济、文化和人文素质的综合、协调发展。在我国现代化进程中，少数民族地区经济迅速发展，文化的协调发展对于整个少数民族社会发展更为重要。关注少数民族文化权利、体育权利、健康权利，研究少数民族体育已成为提高少数民族生活质量，构建少数民族地区和谐社会的重要手段之一。

现代进程中各地区、各民族之间的交流日益频繁，各种文化之间的交流、互动日益加剧，多元文化下各种文化之间的交流、碰撞给少数民族体育带来了一定的冲击和挑战，现代化进程中，少数民族体育正面临着传统与现代、继承和发扬、保留与扬弃、独立与共存，面临着发展的多元性和共融性的问题和局面，研究苗族体育，对于苗族体育的继承和发展，以及对少数民族文化发展与传承等问题，无疑将具有重要的现实和理论意义。

第二节　概念框架

一、现代化及现代进程的理解与界定

一般认为，世界的现代化进程始于 18 世纪的工业革命和法国政治革命，“现代化”一词最早出现于欧洲的思想启蒙时期，而“现代化”是从 20 世纪 50 年代以后在西方社会科学研究中才开始逐渐流行和普遍使用的一个术语。在早期的现代化研究的理论家简单把其理解为“西方化”，认为是西方文明社会向全世界社会传播的过程。美国社会学家丹尼尔·勒纳在《冲突社会的消失》(1958 年)一书中就提出传统社会和现代社会两种对立的社会系统，其认为现代化是指从传统社会向现代社会转化的过程。从历史发展的进程来看，现代化进程确实首先发生在西欧，但是这种简单把“现代化”理解为“西方化”的思想是有一定缺陷的，其“既无法考虑到发达国家自身的最初转变，也无法考虑到不发达国家对更不发达国家的影响”。①

① 康秀云．20 世纪中国社会生活方式与现代化问题研究[D]．吉林：东北师范大学，2005：15．东北师范大学博士论文，2005：15。

在对“西方化论”批判的基础上，美国哈佛大学教授塞缪尔·亨廷顿从政治结构分化和政治参与扩大的角度解释现代化的含义，其认为“现代化是政治系统内部权力的再分配，即摧毁地方的、宗教的、宗族的或其他的权力中心，把权力集中在国家的政治机构中，”①而且这种政治系统内部的权力分配必须首先具有革新政策的能力，即通过国家的行动促进社会和经济的改革；其次必须具备能成功地把现代化所产生的社会力量吸收进这种系统的能力。而美国州立大学教授贝迪阿·瓦尔马则认为“现代化的含义是指一种带有方向性的、特殊的社会变革。通过这种变革，一个国家则可取得政治上获得发展和独立自主，经济领域的增长，建立以平等和博爱为基础的社会，扩大自由，满足基本需要等方面的成就。”②而布莱克提出：“所谓‘现代化’在这里指一种动态形式，对于历史悠久的改革过程来说，它是近代以来知识爆炸性增长所带来的结果。其特殊意义，来自它的动力特征和对人类事务影响的普遍性。现代化首先起始于渴望变迁的态度，以及社会能够并且应该转变的信念。如果有必要定义，那么‘现代化’或许可以被界定为一个过程，在这一过程中，历史上形成的制度发生着急速的功能变迁——它伴随着科学革命的到来，反映了人类知识的空前增长，从而使人类控制环境成为可能。这一适应过程的发源地和最初影响是在西欧社会，在19～20世纪，扩展到了所有其他社会，引起了影响全部人类关系的世界性变革。”③

我国许多学者对现代化的内涵和本质也进行了许多深入探讨，如罗荣渠认为，“现代化”有广义与狭义两种理解：广义的现代化主要指自工业革命以来，由于生产力发展导致社会生产方式的大变革，从而引起社会历史发展的大趋势，即以现代工业、科技革命为推动力，实现传统的农业社会向现代工业社会的大转变，并因而引起社会组织与社会行为深刻变革的过程；狭义的现代化是指把现代先进技术广泛应用于国民经济各个领域，以迅速赶上先进工业国和适应现代世界环境的过程。现代化“就是指18世纪后期工业革命开始以来一直到现在这样一个新时代，这是人类历史发展进程中的一个特定阶段。”④其认为，“从历史的角度来透视，广而言之，现代化作为一个世界性的历史进程，是指人类社会从工业革命以来所经历的一场急剧变革，这一变革以工业化为推动力，导致

① 西里尔·布莱克著．现代化的动力[M]．杭州：浙江人民出版社，1989：12.
② 贝迪阿·瓦尔马著．现代化问题探索[M]．周忠德、严炬新编译．北京：知识出版社，1983.13.
③ 西里尔·布莱克著．现代化的动力[M]．浙江人民出版社，1989：12.
④ 罗荣渠．“现代化”的历史定位与对现代世界发展的再认识．历史研究[J]．1994(3)：158.

传统的农业社会向现代工业社会的全球性大转变过程，它使工业主义渗透到经济、政治、文化、思想各个领域，引起深刻的相应变化；狭义而言，现代化又不是一个自然的社会演变过程，它是落后国家采取高效率的途径(其中包括可利用的传统因素)，通过有计划的经济技术改造和学习世界先进，带动广泛的社会变革，以迅速赶上先进工业国和适应现代世界环境的发展过程。”①

从国内外学者对于“现代化”的理解和研究来看，尽管视角不同，观点有所差异，但普遍接受现代化的两个基本内涵：第一，现代化产生于发达国家自工业革命以来发展的深刻变化，既存在于发达国家发展历程中，也存在于发展中国家发展历程中；第二，现代化是指包括政治、经济和文化在内的整个社会全面地发展的历史进程。

根据我国学者的研究，现代化的基本特征可以概括为以下几方面：第一，现代化是人类社会发展进程中深刻的变革，这场变革的规模和深度都是绝无仅有的。现代化的变革涉及人类生活和社会发展的各个领域和方方面面，包括工业化、城市化、民主化、世俗化以及社会成员的流动和分化、文化教育的普及、传播媒介的扩展、政治参与的扩大等。第二，现代化是一个世界性现象。现代化导致不同发展程度和不同社会制度的国家的相互影响和相互依赖进一步加深。同时，现代化在不同国家的实现道路又有所不同。第三，现代化具有鲜明的时代特征，其内涵随着社会的发展和时代的进步而不断发生变化。第四，现代化的动力和源泉来自对科学文化知识的尊重和科学技术的发展以及由此而孕育、催生的新生产力。科学的发展、技术的进步在现代化进程中所起的作用是至关重要的。第五，现代化运动呈现出加速发展的趋势。现代化起步晚的国家，可以利用后发优势，加速发展。②

从国内外学者的研究综合来看，现代化是从传统社会向现代社会转化的历史动态进程，包含了社会发展的方方面面，从经典现代化理论来看，它是指发达国家工业革命以来发生的深刻变化，以及当前发展中国家在不同领域内追赶世界先进水平的发展过程，包括从传统经济向现代经济、传统社会向现代社会、传统政治向现代政治、传统文明向现代文明转变的历史过程及其变化。③“现代化”这一概念已被广泛使用，是一个包罗万象，涉及多层次、多阶段、多领域的复杂过程。因而从不同的视角来研究现代化，对于现代化内涵和本质的揭示也

① 罗荣渠．北京现代化新论[M]．北京：北京大学出版社，1993.16—17.

② 韩广富．毛泽东中国现代化理论研究[M]．长春：吉林人民出版社，2001.10.

③ 平杰．现代化进程中的上海竞技体育研究[D]．上海：上海体育学院，2004：21.

是不尽相同的。同样，由于各个国家和地区的现代化起步和发展的时代条件不同，自然条件、地理生态环境、人口状况、历史文化、风俗传统、社会制度等情况不同，从而导致了不同国家和地区的现代化呈现出各不相同的发展特征。不同领域的研究者对现代化特征的概括也是仁者见仁，智者见智。

本研究主要在社会发展和变迁的历史背景之下，对少数民族体育的变迁和发展状况从社会学的视角进行研究，因而对于现代化进程，主要从社会学的视角进行分析。在社会学领域中现代化具有其特定内涵的概念，它是指一种特殊的社会转型过程，即社会在日益分化的基础上，进入一个能够自我维持增长和自我创新，以满足整个社会日益增长的需要的全面发展过程。① 从社会变迁的角度看，社会现代化则是一种由传统社会向现代社会转型的社会变迁过程，它是以科学技术进步为先导，以工业化、城市化为主要内容，经济与社会协调发展的社会变迁过程。② 美国社会学家戴维·波普诺(1995)认为，现代化是指一个传统的前工业社会在经济成长过程中所发生的内在的社会变迁。他提出现代化概念通常包括三个关键要素：工业化、城市化和科技化。本研究将我国社会现代化历史进程作为考察背景，主要从社会政治、经济、文化的现代化进程中的变化来分析、研究苗族体育的变迁、互动、交融与发展状况，根据整个研究需要，对于现代化进程将从新中国成立开始到现在的整个历史进程，以整个现代化进程作为历史背景，考察各个历史时期政治、经济和文化状况变化对于苗族体育发展所产生的影响。

二、苗族与苗族体育研究概况

苗族是中国古老的民族之一，最早发源于黄河下游和长江中下游一带，迄今为止已有5000多年的历史，其历史还在汉族之前。苗族在我国历史上是一个迁徙频繁的民族。由于战争、政治和其他各种原因，苗族在漫长的社会历史中，经历了大幅度、远距离和长时间的迁徙。苗族迁徙的足迹遍布中国的山山水水，甚至漂洋过海，走向国外。苗族是在一个开放和互动的民族环境中形成和发展起来的，在此历史进程中，苗族逐渐形成了“多元一体”的民族血统和“一体多元”的民族文化。③

目前，国内苗族主要分布在贵州、湖南、云南、重庆、广西、湖北、四

① 郑杭生．社会学概论新修(修订本)[M]．北京：中国人民大学出版社，1999：402.
② 吴增基、吴鹏森、苏振芳．现代社会学[M]．上海：上海人民出版社，1997：304.
③ 杨圣敏、丁宏．中国民族志[M]．北京：中央民族大学出版社，2003：370.

川、广东、海南等省市自治区，与各地其他兄弟民族形成大杂居、小聚居的分布局面；国外苗族主要分布在泰国、老挝、越南、法国、德国、英国、加拿大、阿根廷、澳大利亚和美国等国家。据2000年人口普查统计，中国国内苗族总人口约894万，在全国少数民族人口中居于第4位，其中贵州省苗族人口约429万，占苗族人口一半左右，湖南约192万，云南约104万，四川约14万，重庆约50多万，广西约46万，湖北约21万，海南约6万，国外总共约200万。

苗族传统体育是与苗族人民历史相伴而生，与苗族人民的生产、生活、信仰、宗教祭祀、军事战争以及日常娱乐游戏紧密联系。在数千年的苗族人民生产和生活中逐步形成的独具苗族文化特色的传统体育活动。进入现代社会，由于世界各民族之间的相互交流与影响，苗族体育当中不仅包括苗族特色的传统体育，还存在他民族的体育形式，两者共同构成现代苗族社会体育活动形式体系。

作为苗族重要的文化事象，从苗族的产生伊始，苗族传统体育一直与苗族人民生产、生活相随，始终是苗族人民精神生活和文化生活的重要内容。在苗族几千年的历史进程中，体育对于苗族人民的身体健康、精神娱乐、民族情感、民族精神、民族凝聚力无一不起到巨大的作用。苗族的精神、文化、民族情感都已深深地与体育交融、渗透、凝聚于其中，一部苗族体育史，无疑就是一部苗族文化史。苗族体育从历史发展到今天，已经形成自己丰富多彩、独具特色的内容和形式，与苗族其他文化一样，苗族体育同样呈现“多元一体”和“一体多元”的特征。

三、前人的研究

苗族作为我国历史上的一个重要民族，对苗族文化进行研究的专家和学者甚多，研究成果也较为丰富。苗族体育作为苗族一种重要文化事象，对于其进行专门研究的专家、学者相对较少，学术成果也显得相对单薄。关于苗族体育的研究，其研究者和研究成果主要出现在体育学科领域和苗族历史、苗族社会调查、苗族文化、苗族风情和民俗研究中。

(一)非体育学科领域

体育作为少数民族文化中的一个重要内容，它与少数民族的其他文化事象一起，渗透和独立于少数民族人民的精神生活和社会文化生活之中，是少数民族文化必不可少的一项重要内容。在苗族历史、社会调查、文化和民俗民风研究中，都必然涉及体育的内容。在苗族历史与社会调查、民族文化、风俗习惯和民族风情中关于苗族传统体育的研究，主要是体现在相关专著中，期刊的专门研究相对较少。

在苗族历史研究成果中，关于苗族体育的研究主要是以对传统体育项目的记叙和描述为主，内容主要体现在民俗活动的记叙，但在绝大多数的成果中，仅把苗族体育的内容作为民俗活动或民族节日中的一部分内容，如：《苗族简史简志合编(初稿)》(中国科学院民族研究所贵州少数民族社会历史调查组，1963年)、《苗族史》(伍新福，1992年)、《苗族历史探考》(伍新福，1992年)、《苗族历史与文化》(李廷贵，1996年)、《苗族通史(上、下)》(伍新福，1999年)、《苗族文化史》(伍新福，2000年)、《苗族通史》(吴荣臻，2007年)、《苗族简史》(《苗族简史》修订本编写组，2008年)；在苗族历史研究中，也有把体育作为一种单独文化事象，与其他苗族文化事象并列，进行专章研究和叙述的，如《苗族文化史》(熊玉有，2003年)中，苗族体育卫生与文化教育、文学艺术等并列，作为单独专章进行论述。[①]

在苗族社会历史调查的成果中，关于苗族体育的研究主要是传统体育项目的记叙、描述，内容主要体现在民俗节日活动内容中，如：国家民委民族问题五种丛书系列：《广东省苗族畲族社会历史情况》(中国科学院民族研究所广东少数民族社会历史调查组，1963年)、《贵州省赫章县海确寨苗族社会历史调查资料》(中国科学院民族研究所贵州少数民族社会历史调查组，1964年)、《云南苗族瑶族社会历史调查》(《民族问题五种丛书》云南省编辑委员会，1982年)、《四川省苗族傈僳族傣族白族满族社会历史调查》(四川省编辑组，1986年)、《苗族社会历史调查 一》(贵州省编辑组，1986年)、《苗族社会历史调查 二》(贵州省编辑组，1987年)、《苗族社会历史调查 三》(贵州省编辑组，1987年)、《苗族》(岑秀文，1993年)、《苗族社会历史调查一、二、三》(国家民委民族问题五种丛书贵州省编辑组，《中国少数民族社会历史调查资料丛刊》修订编辑委员会，2009年)、《广西苗族社会历史调查》(广西壮族自治区编辑组，《中国少数民族社会历史调查资料丛刊》修订编辑委员会，2009年)、《云南苗族瑶族社会历史调查》(《民族问题五种丛书》云南省编辑委员会，《中国少数民族社会历史调查资料丛刊》修订编辑委员会编，2009年)等；在

① 熊玉有．苗族文化史[M]．昆明：云南民族出版社，2003.

社会调查成果中，也存在对于苗族传统体育的专章、专节的研究成果，如：《湘西苗族实地调查报告》(石启贵，1985年)①、《苗族》(岑秀文，1993年)②等；另外，社会调查中记录和描述苗族体育的研究成果主要是各种体育志、地方志，包括各地、州、县的地方志。

在苗族文化、风情著作中对苗族体育研究的主要是以苗族传统体育项目的描述和记叙为主，如有：《苗族风情趣谈》(梁彬，1989年)、《中国苗族风情》(潘光华、1990年)、《苗族风情》(贾星文，1992年)、《文山少数民族风情奇趣》(文山州民族事务委员会，1998年)、《苗族风情录》(杨正文，1998年)、《苗族文化史》(伍新福，2000年)、《中国苗族风情录》(翁家烈，2002年)、《苗族/中国少数民族风情游丛书》(石莉芸，2004年)等。

在苗族历史、社会调查、文化、民俗民风研究成果中，对于苗族体育内容的涉猎记载较为广泛，几乎包含了全部的苗族传统体育项目。其主要有舞蹈类，如芦笙舞、鼓舞、踩鼓、铜鼓舞、接龙舞、跳仙舞、团结舞、花鼓舞、跳年鼓舞、接香舞、板凳舞等；传统体育竞技类，如赛龙舟、赛马、舞龙、舞狮、苗族武术、苗族气功、射弩、摔跤等；游戏类，如秋千、爬花竿、掰手劲、打抛(打棉球)、打板凳、拣子、弹子、划刀把、牵羊、打耗子、赛陀螺、打粑棒、抵粑棒、坐粑棒、撕牛肉干(或五马分尸、猴子撕腿)、入舂碓、倒挂金钩、转纺车、踩高跷、母鸡抱蛋、打棉线球、打毽(踢毽)、掷石、掷木棒等；娱乐类，如斗牛、斗鸡、挑棋、“和尚棋”、“金木水火土棋”、“锁棋”、“争高位棋”(又叫天棋)、“裤裆棋”等；其他类，如上刀梯、滚山珠等；也有对于非传统项目的记叙，如篮球、田径等。

通过对文献资料的检索和查阅来看，苗族历史、社会调查、民族文化和民俗民风研究成果中，前人对于苗族体育的研究主要呈现以下几方面的特征：第一，内容涉猎面广，几乎包括了苗族传统体育的各种项目，特别体现在后期的社会历史调查和民族风俗、风情成果中；第二，研究成果的视角主要以历史调查为主，成果主要以描述、记叙为主，主要针对传统体育项目的概况、参与规则、方法等简略记载，缺乏深入研究；第三，在成果的表述中，对于体育与其他文化事象区分不明确，如体育与舞蹈、杂技、文娱活动等；第四，对体育的记载多数是依附于民族节日、民俗活动的研究成果中，早期研究中对于体育的

① 石启贵．湘西苗族实地调查报告[M]．长沙：湖南人民出版社，1986．

② 岑秀文．苗族[M]．北京：民族出版社，1993．

专门调查和描述极少，而后期的研究成果，已经出现了体育的专章记载和专门描述，但成果较少，而且仅有传统体育项目调查和记载；第五，在成果的表述中，对于传统体育和非传统体育的界定不清，在使用中未做区分，并且传统体育项目记载、描述较多，而非传统体育项目几乎并未被列入苗族体育的考察范围之内，总体呈现项目少而内容简略。

(二)体育学科领域

通过对国家图书馆、贵州省图书馆、贵州师范大学图书馆、贵州大学图书馆、贵州民族学院图书馆和中国知网关于苗族体育的文献进行检索、查阅，获取了苗族体育研究的大部分资料，通过对资料的分析，苗族体育研究成果主要表现在以下几个方面：

1. *研究成果数量及历史状况*

通过国家图书馆对关于苗族体育研究的专著查询，共查询到苗族体育专著 3 本：《苗族武功》(吴荣臻，1987 年)、《布依族、苗族传统体育》(谢山，段永华，2008 年)、《贵州苗族武术》(杨近文，杨敦慧，2009 年)。另外，在现有的研究成果专著中，有涉及苗族体育内容的专著，分别涉及部分章节内容，如：《中国少数民族传统体育概览》(张涛，2008 年)、《中国少数民族体育》(央西，2003 年)。通过中国知网、万方数据库查询，有关于苗族体育的硕士论文 2 篇：《湘西苗区农村居民生活方式中影响健康因素的研究》(曲杰，指导教师：卢元镇，2000 年，北京体育大学)，《湘西土家族、侗族、苗族与汉族学生体质健康状况比较研究》(彭彦，指导教师：汤长发，2009 年，湖南师范大学)。博士论文没有。截至 2009 年底，检索到关于苗族体育研究的学术期刊论文共 52 篇。在资料检索中，最早的学术成果出现在 1982 年，在 1982 年之前的成果在以上图书馆与网站中均未发现，各历史时期成果情况见表 1-1。检阅中发现，从 1992 年到 1996 年 5 年时间未发表任何形式的关于苗族体育的学术成果。以北京大学版《中文核心期刊目录》为标准检索查阅体育类核心期刊，从 2000 年到 2004 年共计 4 篇，2005 年到 2008 年 4 篇，2009 年 4 篇。

单从研究成果的数量来看，关于苗族体育的研究成果少，近期研究开始逐渐增加，但研究成果形式高层次较少，说明对于苗族体育的总体关注度较低，苗族体育研究受重视程度不够。

表 1-1 苗族体育研究成果数量状况

年份	专 著	博士论文	硕士论文	学术期刊
1980～1984	0	0	0	4
1985～1989	1	0	0	5
1990～1994	0	0	0	1
1995～1999	0	0	0	3
2000～2004	0	0	1	10
2005～2009	2	0	1	29
总 计	3	0	2	52

2. 研究内容状况

由于已有的研究成果涉及内容较复杂而且交叉较大，按照严格的分类标准不易进行，因此，仅根据研究成果状况对其进行一定的归类。现有的关于苗族体育的学术期刊研究成果可以大致归为四类：①传统体育项目的描述性研究类，主要是对于苗族传统体育项目的起源、发展(包括项目的改造)、项目介绍、项目的基本特征及功能(学术期刊 16 篇，专著 3 本)；②学校体育领域中的应用研究类，包括传统体育引入学校体育的研究和苗族传统体育对于学生体质健康影响研究(学术期刊 13 篇，硕士论文 1 篇)；③群众体育领域中的应用研究类，包括体质与健康以及体育现状方面研究(学术期刊 9 篇，硕士论文 1 篇)；④传统体育项目的文化价值研究(学术期刊 14 篇)。苗族体育学术期刊研究归类和数量情况见图 1-1。

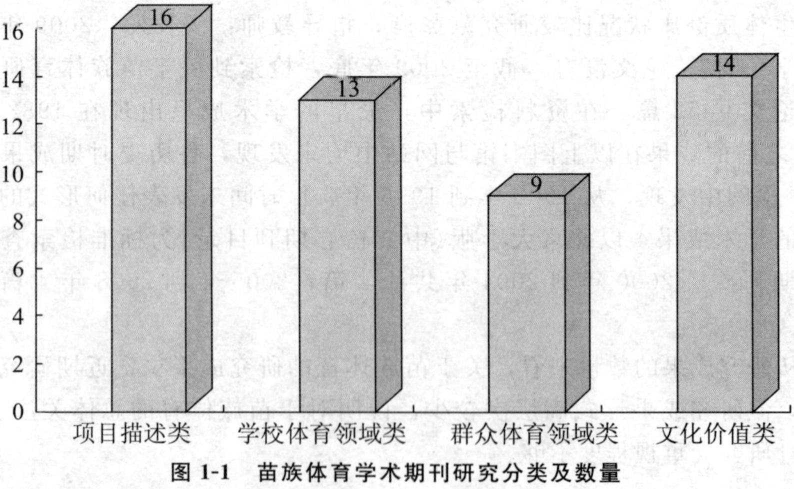

图 1-1 苗族体育学术期刊研究分类及数量

在苗族体育各个研究领域中，项目描述类主要是对于项目的起源、发展、项目规则、参与方法的描述，在学校体育领域和群众体育领域类中主要是项目引入学校体育的理论分析研究，以及现状调查和体质与健康的调查研究为主，而在文化价值类研究成果中多为理论性的逻辑推导，缺乏深入研究和分析。总体来看，包括苗族体育研究的专著、硕士论文，在各个研究内容的领域，以简单的描述和现状调查为主的研究比例偏高。

3. 研究方法

在已经检索到的52篇学术期刊、三本专著和两篇硕士论文中，涉及的主要研究方法包括文献资料法、逻辑分析法、访谈法、录像分析法(严格区分其仅是一种技术手段，而不是一种研究方法)、问卷调查法、田野调查法、实地调查法、数理统计法，共8种。其方法的运用状况见表1-2。

表1-2 苗族体育研究成果使用方法状况

方法	文献资料法	逻辑分析法	访谈法	录像分析法	问卷调查法	田野调查法	实地调查法	数理统计法
数量	57	10	12	1	4	2	1	9

在研究方法使用中，其中有28篇学术成果仅使用文献资料法1种研究方法，包括3本专著的研究方法也仅用文献资料法。有13篇使用2种方法，13篇运用3种方法(包括1篇硕士论文)，2篇使用4种研究方法，1篇使用5种研究方法(硕士论文)。

从研究方法的分布和使用数量来看，苗族体育研究中，大量成果使用的研究方法单一，综合使用各种研究方法的成果较少。从研究方法的总体数量来看，社会科学研究的方法引入使用不够，仅使用过8种研究方法，虽然已有录像分析技术手段和田野调查法，但运用这些方法的研究成果极少，而且还有许多民族学、人类学、文化学、社会学的研究方法未引入苗族体育研究之中。

通过对文献资料的阅读和分析，发现在研究成果中，存在一些关于研究方法的问题。第一，方法的称呼不规范，如成果中有测试法、访问法、专家访问法、专家咨询法、数据统计法、录像分析法、体质测试法等；第二，研究方法使用的随意性较大，研究方法与主题内容不相匹配，在部分研究成果中，有专门报告研究方法，而未体现出方法的使用，如前文交待专家访谈法，而在其后没有出现专家访谈的内容等；第三，对研究方法的理解不透和运用不恰当，如在问卷调查法的描述中，关于群众体育现状调查的问卷采用信度检验，关于体质人类学的研究方法得出文化人类学的结果等；第四，研究方法交代模糊，含混不清，如在人类学的调查中采用的田野调查的实施，既没有调查时间也没有调查过程；在问卷调查法中，对问卷调查的抽样、实施未作必要交代和说明。

4. 研究视角

在苗族体育的研究成果中，主要涉及以下几种视角：第一，研究苗族传统体育与学校体育的关系，主要是实施课程资源的开发与利用，研究把苗族传统体育作为课程资源引入学校体育，如《黔东南苗族“芦笙舞”作为体育课程资源的现实意义》、《对竹竿舞引进大学公共体育教学的探讨》等；第二，人类学的视角和观点，包括文化人类学视角的个案研究，如李延超、虞重干等《论原生态体育的内涵——以苗族村寨体育为例》，体质人类学和文化人类学的视角，如胡晓明等《苗族独木龙舟竞渡的体质人类学分析》、《独木龙舟的文化解析——体育人类学的实证研究》；第三，对苗族传统体育项目的起源、发展、规则与方法等项目概况视角的研究，如《苗族武功》(专著)、《布依族、苗族传统体育》(专著)、《贵州苗族武术》(专著)、《中国少数民族传统体育概览》(专著，章节内容涉及苗族传统体育概览)、《苗族的爬竿》等；第四，苗族传统体育项目的健身价值与全民健身的研究视角，如《湘西苗族玩年抢狮的社会功能及健身价值》、《从民族节日的体育价值看民族地区全民健身体系的构建——以湘西苗族“赶秋节”为例》、《湘西苗族传统节日的体育价值与民族地区全民健身体系的构建研究》等；第五，苗族地区学生体质与健康的研究视角，包括不同民族学生的比较和不同地区学生的比较，如《湘黔地区土家族、苗族学生身体形态发育状况的动态分析》、《1985—2005年西南地区少数民族学生身体形态发育状况的动态分析》、《湖北省苗族城镇中小学生1985和2002年体质状况的动态对比分析》等；第六，苗族传统体育的文化和社会价值视角研究，如《论湘、鄂西土家族、苗族传统体育文化的包容性及其特点》、《浅论龙舟运动的时代价值》、《湘鄂西土家族、苗族图腾崇拜与体育文化》、《土家族、苗族祭祀仪式中的体育文化解读》等；第七，苗族女性与苗族传统体育发展视角，如《湘西苗族农村妇女对民族传统体育再传承的价值与对策》；第八，社会转型时期苗族传统体育的研究，如《社会转型期湘西苗族“百狮会”的社会价值探析》。

从以上苗族体育的研究成果的分析可以看出，前人对于苗族体育研究总体上呈现出以下几个特征：

第一，研究成果总体数量偏少，各历史时期的成果少而杂散，近两年研究成果逐渐增加。苗族作为我国历史悠久、文化丰富、人口较多的少数民族，对于苗族其他文化事象的研究成果较为丰富，如关于苗族饮食、服饰、居住、建筑等已经研究出大量成果。而体育作为苗族人民的一项精神和社会文化生活中的重要文化事象，对于其研究的重视和关注程度远远不够。

第二，苗族体育内容面不宽，绝大部分是对苗族传统体育的研究，缺少非传统体育的研究，高质量的成果较少。苗族作为一个历史悠久的迁徙民族，在其发展的历史长河中吸收了许多他民族的文化，包括在我国的现代进程中所出现的西方体育内容。在当前的研究中，缺少苗族非传统体育研究，而在极少的传统体育研究中，包括在学校体育、群众体育中，主要侧重的是传统体育的起源、发展、现状等描述性研究，深入的社会性、文化性研究较少。

第三，苗族体育研究的方法单一，综合性方法运用的研究少，缺少新方法的引入。一个领域的研究方法的使用在某种程度上反映其研究的深度。苗族体育作为一种文化事象，它既是一种人类文化现象，又是一种人类社会现象，对于它的研究则需要综合运用各个学科的研究方法，如人类学、文化学、社会学、历史学、民族学、体育学等各学科方法。虽然在已有的研究中涉及了人类学研究方法，但取得的研究成果少，而且其方法的运用严格来说不能算真正意义的人类学研究方法，其他社会学、文化学、历史学的研究方法在已有成果中几乎没有真正使用。

第四，苗族体育的研究视野和研究角度不够广泛，缺乏多视角研究。在已有的研究中，多数研究主要集中在苗族传统体育项目的起源、发展历史和健身功能等描述性的研究上。从民族学、人类学、文化学、社会学、历史学的视角进行考察的成果极少，目前已出现体质人类学的视角研究成果，在研究社会转型时期背景视野下的研究成果，值得提出的是已出现关于性别与苗族体育的研究视角的成果，虽然不够深入，但其视角是值得我们高度重视和关注的。

而事实上，随着我国现代进程的加快，特别是30多年来我国社会的高速发展，民族传统文化正面临各种冲击和碰撞，现代社会文化的多元化、经济的一体化、信息的全球化，使我们的传统文化正遭遇着传统与现代，继承与发扬的各种困惑，在此历史进程中，如何应对传统与现代的矛盾，历史文化的继承和发扬的困惑，是当前任何民族文化都应该高度重视和关注的问题，而苗族体育研究领域在此方面正是一个空白点，这一视角是当前解决苗族体育发展的重要切入点，是我们亟须研究的方面。

(三)苗族体育研究趋势

尽管苗族体育研究成果较少，但近两年以来，苗族体育的研究成果正在成倍增加，仅2008—2009年，就出现3本专著，1篇硕士论文，20篇学术期刊，其中核心期刊7篇。这已说明苗族体育正在逐渐受到重视和关注。

我国现代化发展到今天，国家在政治、经济、文化等各个方面都取得了举世瞩目的成就。然而在经济高速发展的同时，社会也正遭遇许多的困惑与矛盾：国家整体经济实力逐渐增强，而社会的贫富差距在加大；国家整体发展的同时如何处理少数民族的发展问题；多元文化冲击下如何处理传统文化与现代文化的问题；社会公平中少数族群的各种权利关注与保障问题；现代社会中民族文化的保护、继承与发扬问题。这些问题都是和谐社会建设过程中需要关注和想办法解决的。

构建和谐社会，科学研究是重要的途径和手段，根据我国现阶段社会政治、经济、文化的发展状况和苗族社会发展状况，以及苗族体育研究的状况，未来苗族体育发展的趋势将表现在以下几个方面：①苗族体育的研究将更加受到重视，关注苗族体育权利将是构建苗族和谐社会的重要内容；②苗族体育研究将会引入更多其他社会学科的研究视角和研究方法，如人类学、文化学、社会学等；③苗族传统体育和非传统体育结合的文化研究将是苗族体育研究的亮点；④多学科、综合性的研究将是苗族体育研究的趋向。

第二章
研究设计与过程

第一节　研究设计

一、选题的缘由与研究目的、意义

(一)选题的缘由

苗族历史悠久，民族文化灿烂丰富，底蕴丰厚，在苗族文化的研究中，其中关涉苗族的各种民族文化事象，如服饰、建筑、宗教祭祀、民俗等，其研究成果丰富、价值极高。体育是苗族人民重要的精神生活和社会文化生活之一，在已有的苗族文化研究中，体育领域的研究较为薄弱，不管是研究成果的数量和质量都远远少于其他文化事象，缺少体育深层次的研究，苗族文化研究成果体系显然是不完整的，因此，苗族体育的研究应该也必须引起苗学研究者的关注和重视，笔者作为一名体育专业领域人员，既希望能通过自己的研究做到抛砖引玉，又希望能有更多体育领域学者、专家关注苗族体育，进一步完善和补充苗族文化研究。

苗族在我国55个少数民族中人口居第四位，是人口在百万以上的少数民族之一，目前，苗族人口约894万，其中一半以上分布在贵州，苗族是贵州17个世居少数民族之一。贵州省目前作为西部"欠发达"和"欠开发"的两欠多民族省份，经济和社会发展相对滞后，作为多民族省份，社会的发展需要政治、经济、文化的协调发展。笔者作为贵州人，对于家乡具有浓厚的家乡情感，也希望致力于为家乡的发展尽一份自己的力量。而且，笔者长期以来对于民族文化的多样性和复杂性具有浓厚的兴趣，一直期望能做一些民族学和文化人类学的研究，对于体育的热爱和民族文化研究的内在驱动力是笔者进行此项研究的原动力和出发点之一。在研究过程中，笔者将台江县作为研究个案，笔者具有了一定前期工作准备和理论基础。研究之前，笔者曾多次到台江县参与、观赏台江县苗族姊妹节、独木龙舟节和春节中的各种民俗文化活动和体育活动，丰富多彩的苗族文化，独具特色的民俗文化深深吸引了笔者，在此之前与苗族文化的接触和与当地人的接触，使笔者对于苗族文化的认识有了一些初步了解，而且笔者在前期的活动中在当地结交了许多苗族朋友，建立了许多良好的人际关系，这些都为笔者的研究提供了许多方便。笔者自身所具有的进行本研究的天时、地利及人和条件是完成田野调查的最有利条件和保障。

(二)研究的目的与意义

随着我国现代进程的加快，特别是改革开放30多年以来，我国经济的快速发展，科学技术的飞速进步，社会正经历着巨大的社会变迁和文化变迁。从各族人民社会生活内部来看，人们的生产方式和生活方式发生了巨大的改变，本民族的文化自身也在经历着巨大的变迁，从外部环境来看，各民族传统文化在历史进程中一直经历着不断的相互交流、冲击和碰撞，各民族文化在交流和互动中总存在着排斥与交融。特别是现代化进程中社会文化的多元化、经济的一体化、信息的全球化，使得各民族的传统文化正面临着自身变迁、与他民族文化的互动与交融等问题，正遭遇传统与现代，继承与发扬的困惑，在此历史进程中，如何应对这些矛盾和困惑，已成为一个重要议题。本研究将主要以贵州省台江县苗族体育为研究对象，以台江县施洞镇为田野调查个案，通过深入细致的调查，研究现代化进程中台江县苗族体育的变迁与他民族体育或其他文化事象的互动和交融的过程及其影响因素，总结现代化进程中台江县苗族体育的变迁特征和发展规律，研究台江县苗族在经济全球化、文化多元化、社会信息化的现代化进程中如何保持独立与共存，保留与扬弃，如何处理继承与发展，传统与现代等问题，以及探索台江县苗族体育发展给我们带来的启示，进而对现代化进程中我国苗族体育的发展和变迁进行研究。

作为一种重要的文化事象，在当前这一历史阶段，研究我国苗族体育具有重要的理论意义和现实意义。其主要体现在以下几个方面：

第一，苗族体育是苗族文化事象的重要内容，是苗族悠久历史和丰富多彩的文化内容的重要组成部分，苗族体育的研究是对苗族体育文化知识，苗族文化知识，我国少数民族文化知识，乃至世界优秀文化知识的补充和丰富，对继承和发扬苗族体育文化、苗族整体文化、少数民族文化乃至世界文化将有重要贡献。

第二，研究少数民族体育，是关注少数民族文化权利、体育权利的重要体现，它是提高少数民族生活质量和人文素质的重要手段，是“以人为本”精神的真正体现，是加快小康社会建设和构建和谐社会的重要途径，是实现各民族共同进步、共同发展、共同繁荣，实现社会公平的重要体现。新中国成立六十年，我国现代化建设取得了巨大成就，苗族地区政治、经济、文化得到飞速发展，特别是经济的发展更加快速。但经济的发展不等于整个社会的发展，和谐社会与小康社会不仅仅指的是经济指标，而应该是政治、经济、文化和人文素质的整体协调发展。就现阶段而言，我们不仅要关注苗族的经济发展问题，其生活质量的提高和整个文化素质的提高更值得关注，关注苗族文化权利、体育权利已是当前苗族社会发展的一个亟须进行的重要议题。

第三，苗族体育是苗族生活的一种重要文化形式，通过对其深入的探索、研究和理解，使我们能从多形式、多角度进一步增加对苗族文化的理解，能更进一步地了解苗族的风俗、习惯、信仰、民族性等，以能为相关部门制定更加合理的发展政策和策略提供参考，促进各民族共同发展、共同进步，使国家和社会更加安定、繁荣和富裕。

第四，随着现代化进程的加快，我国社会政治、经济、文化的快速发展，地区和民族之间的交流日益频繁，各种现代的物质文化和精神文化对少数民族生产和生活产生了巨大的冲击，以及多元文化的交流、传播和碰撞的冲击，民族文化将如何发展已是一个重大问题。苗族体育作为苗族文化事象，也同样面临这一困惑和挑战。在此时代背景之下，研究苗族体育，探讨苗族体育的发展规律，解决现代化进程中苗族体育所面临的这些问题与矛盾，促进苗族体育的健康、科学发展，促进苗族地区社会政治、经济和文化的可持续发展，以实现各民族共同发展、共同繁荣，构建小康社会和和谐社会的共同目标。

第五，台江县作为天下苗族第一县，苗族人口占90%以上，其在苗族文化发展中具有典型代表意义，通过对其体育的研究，我们可以从中总结经验教训，为其他地区或者说整个苗族体育的研究和发展提供一定的参考、借鉴和启发。

二、研究思路、内容与技术路线

(一)研究总体思路

笔者深入苗族当地人的社会生活之中，以个案的田野调查为基础，以当地人的观点看待其体育，以局外人的视角理解其“背后的意义”，了解现代化进程中台江县苗族体育的变迁、互动、交融与发展问题。本研究作为民族学、人类学的研究，将以“质的研究”方法体系和程序进行研究，主要采用田野调查方法，从我国建立民族识别开始进行考察，将苗族体育的发展分成几个历史阶段进行分阶段研究。各个历史阶段和总体阶段苗族体育的考察是将体育划分成精神思想层面、制度行为层面和物质形态层面三个方面进行考察研究，然后再进行总体研究，其研究具体实施如下：第一步，选择台江县施洞镇为个案进行田野调查，考察苗族体育各个历史阶段和总体的变迁状况，与他民族体育（非传统体育）、其他民族文化事象互动、交融状况以及影响因素和变迁规律；第二步，对台江县田野调查个案以外的其他苗族地区进行分层抽样实地考察，与个案的研究成果作为对比资料，分析研究苗族体育的异同之处，总结苗族体育的历史变迁、影响因素和变迁规律；第三步，对搜集资料进行综合分析研究，总结苗族体育发展总体思路、措施、方法和途径的初步结论；第四步，再次通过以地区为单位进行抽样实地调查，征询各地当地政府部门领导、当地苗族人、苗族文化研究专家等相关人士意见及建议，对初步结论进行印证、修改，进一步研究得出最终研究结论；第五步，通过对台江县苗族体育的研究，总结个案研究成果启示，提出我国苗族发展的理论策略。

（二）研究内容

随着现代社会的信息化、经济的全球化、交流的日益广泛化的特征越来越明显，多种文化的交流与碰撞不可避免地增加，不同的民族及其文化必然而且必须与他民族及其文化产生相互的交流、传播和影响。在现代化的进程中，苗族文化和苗族体育必然会与他民族体育或文化发生互动、交流、碰撞和交融，也必然会受到他民族体育或文化的影响，也必然会有与他民族体育或文化的相互交融。在长期的社会历史发展过程中，苗族的体育不仅有其传统体育，而且已经融入了许多他民族的体育。要考察苗族体育的发展规律及清晰未来发展策略，我们不仅需要考察其传统体育文化，而且需要考察各个历史阶段中与他民族体育或文化的互动、交融的状况。因此，本研究的主要内容包括①现代化进程中台江县苗族传统体育自身的变迁状况及影响因素；②现代化进程中台江县苗族体育与他民族体育或文化的互动、交融状况及产生原因；③现代化进程中台江县苗族体育的总体变迁状况、特征与规律；④当前台江县苗族体育的发展对策、建议，以及台江县苗族体育的变迁、互动与交融、发展对于其他地区苗族体育发展的启示。

(三)技术路线

本研究作为质性研究，在研究的过程中面临许多新的情景和许多不可预测情况，因此，对于研究的技术路线做一个大概操作程序。在实际研究过程中，总体研究的技术路线见图 2-1。

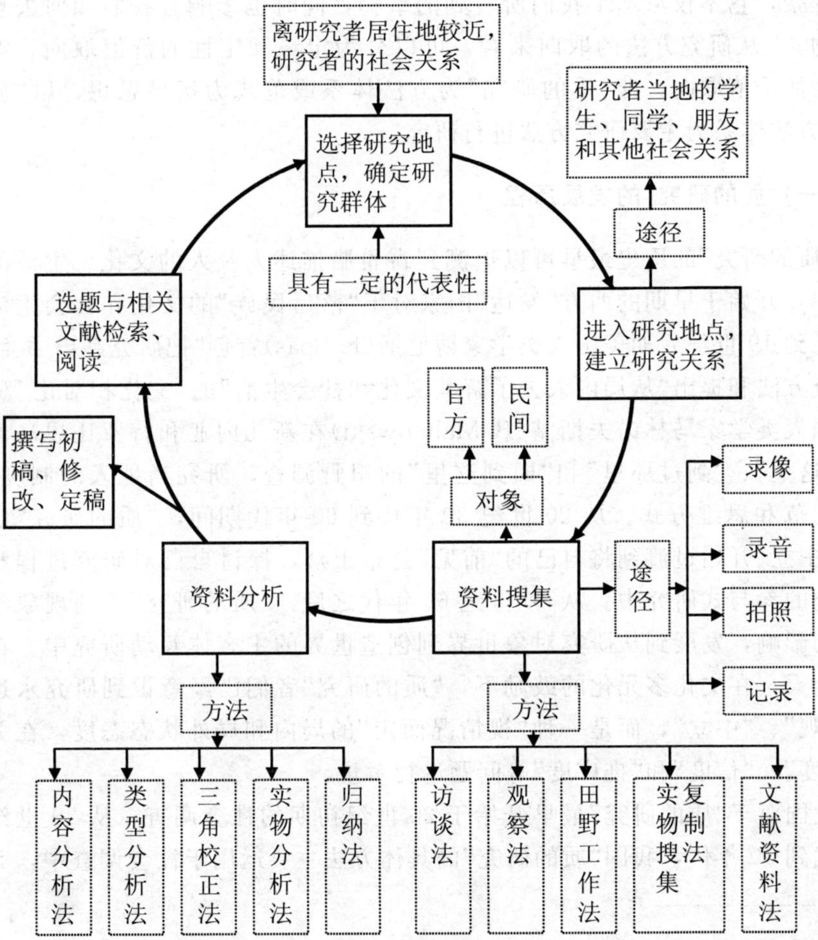

图 2-1 研究技术路线

三、研究范式

在社会科学中，“范式”最早是托马斯·库恩在《科学革命的结构》中提出，并提出“一个科学思想的流派要上升到‘常规科学’的地位，必须符合范式的要求”。即一种范式必须回答本体论、认识论、方法论的问题。[①] 对于范式的理解，艾尔·巴比认为，范式是我们用来组织我们的观察和推理的基础模型或是参考框架，它不仅形塑了我们所看到的事物，同时也影响着我们如何去理解这些事物。[②] 从研究方法的取向来看，可以分为定量和定性的价值取向，本研究以定性的价值取向，即“质的研究”为方法体系或范式为指导思想，以“质的研究”的方法体系为主要研究方法进行研究。

(一)“质的研究”的发展历程

“质的研究”的历史最早可以追溯到古希腊描述人及人的文化、生活的民族志当中，开始于早期的西方“发达”国家对于“落后民族”的文化和社会生活的描述中。到19世纪后期美国人类学家博厄斯(F. Boas)首创“把研究赶出书斋”的实地调查方法和提出“从局内人去了解其文化和社会生活”的“文化相对论”观点[③]，到英国人类学家马林诺夫斯基(B. Malinowski)在新几内亚和特罗比恩岛亲身经历“在这里”、“到过那里”和“回到这里”的田野调查，研究当地人的制度风俗、行为规范和思维方式。从20世纪30年代到60年代期间，“质的研究”已经由“客观中立”开始过渡到将自己的“前见”公布于众，探讨自己对研究过程和结果的影响的参与式研究中。从20世纪60年代之后，“质的研究”受到现象学和阐释学的影响，发展到从研究对象世界到创造世界的主客体互动研究中。在后现代的今天，在文化多元化的鼓励下，“质的研究”者们已经意识到研究永远不可能“客观”、“中立”，而是一种“视情况而定”的局内和局外状态态度，在关系中对“效度”、“信度”和“推广度”等问题进行考量。[④]

我国对于“质的研究”最早开始于20世纪初期的社会调查，从20世纪二三十年代到50年代，我国“质的研究”的具体方法主要运用于社会调查中，其著名

---

① [美]J. Amos Harch著. 如何做质的研究[M]. 朱光明，沈文钦译. 北京：中国轻工业出版社，2007：11.

② 艾尔·巴比. 社会研究方法(第10版)[M]. 邱泽奇译. 北京：华夏出版社，2005：33.

③④ 理查德·A. 克鲁杰、玛丽·安妮·凯西著. 焦点团体：应用研究实践指南[M]. 林小英译. 重庆：重庆大学出版社，2007：3—4.

的成果包括费孝通的《江村经济》、《乡土中国》，史国衡的《昆厂劳工》等。从改革开放以来，涌现了大量的"质的研究"的相关成果，而作为系统的"质的研究"的范式和方法体系的专著是2000年陈向明的《质的研究方法与社会科学研究》，在以后的十年间，特别是近五年期间，"质的研究"作为一种研究的范式和方法体系的专门研究，我国民族学界和社会学界翻译引进了大量的国外关于"质的研究"的论著，使"质的研究"在我国学术界得到了广泛的推广，成为我国社会科学研究领域中与"量的研究"相对应的一种重要的研究范式和方法体系。

(二)"质的研究"界定和特征

"质的研究"并不是一种具体的研究方法，它是科学研究方法中的一种研究取向、一种研究的范式和方法体系。作为科学研究的一种范式和方法体系，"质的研究"的范式同样是从本体论(实在的性质是什么)、认识论(什么是可知的，认知者与认知对象的关系是什么)和方法论(知识是如何获取的)三个层面来理解，即我们运用"质的研究"要认识什么样的问题，这些问题是否可以认知以及我们与认知对象的关系是什么，我们用什么方法和手段获得认识。

关于"质的研究"，陈向明在《质的研究方法与社会科学研究》中定义："质的研究是以研究者本人作为研究工具，在自然情境下采用多种资料收集方法对社会现象进行整体性探究，使用归纳法分析资料和形成理论，通过与研究对象互动对其行为和意义建构获得解释性理解的一种活动。"诺曼·K. 邓津和伊冯娜·S. 林肯给"定性研究"(或者"质的研究")的界定是：定性研究是一种将观察者置于现实世界之中的情景性活动。尽管在定义上的表述并不一致，但"质的研究"的内涵特征是基本一致的：第一，整体与动态的观点，把研究的对象置于整体的社会背景之中，在动态的发展中考察研究对象；第二，考察的是一种自然的环境，研究的对象是真实情景中真实的人们的生活经验；第三，参与者的视角，质的研究试图以生活于其中的人们的视角来理解世界；第四，研究者是资料收集的工具；第五，是一项长期、直接时间的投入；第六，以建构和解释意义为中心。①

(三)"质的研究"适合的议题

"质的研究"从早期的民族志开始，一直运用于人类学的研究中，到了现代

① [美]J. Amos Harch 著．如何做质的研究[M]．朱光明，沈文钦译．北京：中国轻工业出版社，2007：7—9.

已经扩展到了其他的各个领域如教育学、社会学、文化学、传播学、历史学、心理学等，已经成为科学研究方法中与“量的研究”并行的研究范式和取向，在现代社会科学研究中起到不可替代的作用。当然，不是说“质的研究”通行天下，可以适合任何研究，任何一种研究范式和取向都有其主要使用的范围、领域和主要解决的议题，“质的研究”并不例外，而且在现代社会科学研究中，各种研究范式和取向相互补充、相互渗透已经是科学研究方法的趋势所在。

关于“质的研究”究竟能解决什么问题或者适合哪些研究议题，约瑟夫·A.马克斯威尔有较为系统的论述，他认为，质性研究所能达到的几个主要目标：①了解某些事件、情境、经验和行为对于身处其中的特定人群的意义；②了解参与者采取某种行为所处的情景以及情景对行为的影响；③确定无法预测的现象和作用，并对此后的现象提出新的、坚实的理论基础；④了解世界和行为发生的过程；（Merriam 曾论述道：质性研究关心的问题在于过程而非结果）；⑤建立因果关系；⑥得出对于你研究的人群以及其他人都可以理解的、可信的研究结果和理论；⑦进行一些成形的评估，这种评估旨在提高实际的应用实践效果，而不是简单地对某个项目或产品的评估；⑧与实践者或研究参与者进行合作研究。[①] 挪威人类学家托马斯·许兰德·埃里克森认为，“质的研究”研究者要回答的关键问题：这里发生了什么特别的事情？这些事情对当事人意味着什么？从“质的研究”的内涵特征和其能达到的目标来分析，“质的研究”更趋向于关注几类问题：①事件的发生对于相关群体的意义方面的问题；②环境对于事件的影响的问题；③事件的发展和结果所产生的问题。总体来看，“质的研究”主要趋向于解决人们社会生活和人类文化无法用量化研究解决的议题。

科学研究的终极目标是得到科学的解释——发现与记录人类行为的普遍法则。[②] 少数民族传统体育文化的研究内容主要是关涉少数民族社会生活、民族文化、风俗、习惯、传统等，它是整个少数民族文化和社会生活大系统中的一个小系统，是整个大系统中的一个重要组成部分，与大系统中其他各个系统和其他社会生活和文化相互交织、相互渗透、相互关联、相互影响，出于整个大系统和其他小系统、其他社会生活和文化现象的动态的、变化的平衡过程中。在少数民族传统体育文化的研究中，在许多其他议题的研究中，如关于生活习

① 约瑟夫·A. 马克斯威尔著．质的研究设计：一种互动的取向[M]. 陈向明译．重庆：重庆大学出版社，2007：17—19.

② [美]劳伦斯·纽曼．社会研究方法——定性和定量的价值取向[M]. 郝大海译．北京：中国人民大学出版社(第五版)，2007：91.

惯、习俗、价值观、态度等是无法通过实验研究出来的，因为其中的许多变量离开了其生存的背景是不存在的，而且其变量也是无法控制的，通过“量的研究”研究其变量之间的关系是无法进行的。另外，“质的研究”是一种深入研究社会生活和民族文化议题的有效方法和手段，是一种深层次研究和诠释、建构社会生活和文化价值、意义，而且并不破坏社会生活和文化的完整性，是解读、诠释少数民族传统体育文化的重要的、必不可少的研究范式和方法体系。

(四)研究的观点与视角

1. 诠释主义观

从某种意义上来讲，人是一种符号的动物，人类在社会历史的发展过程中不仅创造了文化，而且还使文化符号化，使各种文化形态都具有与之相对应的文化符号。人类文化形态的演变也正是通过与之相对应的符号来记录、保存，用这些符号来表达它们的形式、功能和演变过程。① 人类的社会活动是一种带有人类主观意义的形式，是一种有意识、有目的和有意图的活动，是其他缺乏文化和思维推理能力的物种无法精心设计并为之附上意义的文化活动。体育作为人类社会历史发展过程中创造的一种文化形式，它以肢体的运动形式，以一种肢体语言或符号的形式使这种文化形态保存和传承下来。它的运动形式代表着一种符号，一种语言，在运动形式之中蕴涵和承载着一定的文化意义，这种意义是人类在历史社会生活中所建构而赋予它们的。苗族在历史上没有文字，苗族文化的传承主要是通过各种言传身教，通过各种非文字形式传承下来，苗族体育作为苗族文化的一种符号和肢体语言，它不仅记录了苗族人民各个社会时期体育活动的历史，而且记录着苗族人民参加体育活动的各种细节和体育活动形式背后所蕴涵的“意义”，是苗族文化的一种重要承载方式。

苗族体育作为苗族人民的一种重要文化形式，它蕴涵着苗族人民在社会历史发展过程中赋予它的意义和内涵，它作为一种肢体的表达形式和语言，一种文化的符号，对于这种语言和符号的解读，实质上就是对苗族体育文化的解读和苗族文化的解读。本研究将致力于从诠释研究者的视角，通过对苗族体育的研究去解读苗族体育的运动形式后面所蕴涵的“意义”，而不是停留在苗族体育运动的具体形式上，是要研究和了解这些具体活动形式“后面的东西”。正如劳

① 陈华文．文化学概论[M]．上海：上海文艺出版社，2001：133.

伦斯·纽曼所言：诠释研究者研究有意义的社会行动，而不是外在的、可观察的人类行为。[①]

2. 整体观与比较法

任何一种文化事象都包含着极其丰富的文化信息，文化的复杂性是毋庸置疑的。社会行动是人类附上主观意义的行动，是带有目的或意图的活动。其他物种缺乏文化与思维推理能力，无法精心安排计划和为他们的行为附上意义。因此社会科学家应该研究人类社会行为的独特之处。研究者必须将社会行动者的理由以及行动的社会情景考虑在内。[②]

一种文化的形成和发展总是处于一定的政治、经济、地理生态环境和气候条件等社会情境之中，脱离了文化产生的社会情境去探讨和研究文化无疑是无本之源。苗族体育与苗族其他文化事象一样，蕴涵着整个苗族文化的内涵，是在苗族人民的日常社会生活互动之中产生和创造的，它与苗族人民的整个社会文化生活彼此交织在一起，不可分割。要充分解读和理解这种"活动背后的意义"，毫无疑问，我们需要考察其变迁、发展，与其他文化的互动、交融的产生条件和背景。

本研究将从人类学和民族学的视角和观点出发，以整体观和比较法的视角，将苗族体育置于整个社会政治、经济、文化和地理生态环境的大背景之中，结合历史变迁的纵向考察和现实田野的横向考察，通过对个案的深入研究，在互动之中和自然的社会生活状态之下去理解和考察这种文化现象。正如卢克·拉斯特(luke lassiter)所说："在人类学中，整体观鼓励我们将人类看成一种生物和文化的双重存在，看成既生活在历史当中又生活在当下。而比较法就是在人类所有的生物和文化复杂中，寻找他们之间及其内部的相似点和差异。"[③]本研究将以整体观和比较法的视角，将苗族体育置于整个社会历史背景之中，通过历史资料的纵向考察和田野现实状态调查的横向调查，致力于探索苗族各种体育之间的差异之处和相似点，总结苗族体育发展的轨迹，找寻苗族体育发展的特点和规律。

3. 自观与他观

人类总是在一定的文化群体中成长，总受一定文化模式的影响，因而，人

① 劳伦斯·纽曼. 社会研究方法——定性和定量的取向[M]. 郝大海译. 第5版. 北京：中国人民大学出版社，2007：98.

② 同上。

③ 卢克·拉斯特. 人类学的邀请[M]. 王媛、徐默译. 北京：北京大学出版社，2008：46—47.

们总习惯于以自己所属的群体文化价值、思维模式和传统观念来衡量、判断并且解释其他社会文化行为，这是我们通常所说的“民族中心主义”。[①] 苗族体育文化来自苗族人民的日常社会生活之中，研究苗族体育，从某种角度来说，就是去理解和诠释苗族社会生活。对于这种产生于社会日常生活之中的文化形式，我们需要了解其对于当地人而言的意义，或者在当地人的思维中它代表着什么？这种肢体语言或者文化符号是苗族文化的特殊表达方式，如果不知道当地人的思考方式和思维模式，我们根本无法了解那是什么。就如人们竖中指一样，在有的国家是代表友好，而在有的国家却是一种侮辱性或不礼貌的行为。正如宋蜀华先生所认为：语言相对论提出了两个很有实践意义的命题：一是本土文化的内容要用本土语言才能得到充分表述；二是源于特定文化中的概念，如果移植到另外一种文化中用另一种语言去讲，其意义就会不同，因为它在人们的心目中唤起的意象不同。[②] 对于诠释研究而言，我们研究的目的是要知道被研究者如何理解他们的社会生活，他们在环境中是如何构建出这些“共享意义”。因此，我们需要通过认识某个特殊社会背景，从局内人的视角来审视这一情景，达成这一目标。[③] 当然，对于一种他文化的理解和研究，仅用局内人的思维是不能完善表达的，因为是局外人在研究他文化，是他文化和他文化的交流，从某种意义上来说，也是用“他者性”来反观、诠释与重构本文化。[④] 正如托马斯·许兰德·埃里克森所言：“人类学的研究如果从根本上有意义，一个必需的条件是，研究者知道当地人所不知道的一些本质情况，他或她必须有能力把当地的现实与具有可比性的概念化指标相联系，展现一个独特社会同时能够让其他社会的特点更加清楚地显示出来，从而使我们自己关于社会和文化的整体知识体系得到完善”。[⑤]

我们走进一门学科，探讨它的“内在含义”，是为了了解该门学问的核心课题，但是我们不可陷入“内在含义”中，成为该学问的俘虏，而应该脱身出来，再回到自身主体性的地位，站在当代的立场，审断该学问的“当代意义”。[⑥] 本

---

① 庄孔韶．人类学概论[M]．北京：中国人民大学，2006：24.

② 宋蜀华、白振声．民族学理论与方法[M]．北京：中央民族大学出版社，1998：300.

③ 劳伦斯·纽曼．社会研究方法——定性和定量的取向[M]．郝大海译．第5版．北京：中国人民大学出版社，2007：98.

④ 庄孔韶．人类学概论[M]．北京：中国人民大学出版社，2006：8.

⑤ 托马斯·旭兰德·埃里克森．小地方，大论题——社会文化学导论[M]．董薇译．北京：商务印书馆，2008：52.

⑥ 邬昆如．哲学概论[M]．北京：中国人民大学出版社，2005：25.

研究将以田野调查为基础，从当地人的看法——自观的角度考察苗族体育，呈现出当地人的观点，再以一个他者的眼光来审视苗族体育，分析研究苗族体育自身的变迁，分析与他民族文化之间的互动和融合，以能向读者呈现出原生态的苗族体育和研究者本身对于苗族体育的研究结果，使读者能与笔者共同审视苗族体育文化。

4. 个案研究

文化人类学的研究成果表明：人类学家在研究文化时，一方面会努力遵循整体观的原则并为实现整体观而努力，另一方面也意识到，最终的研究必须关注部分，这些部分为我们指向了更大的人类问题。[①] 即我们通常所说的“小地方与大问题”的关系。所以，人类学家常常通过研究特定某个教堂，来为宗教在人类生活中所起作用的研究做参考，或者研究某种音乐，以此了解音乐在特定社会中的角色，又或者研究乡村中的一小群妇女，来理解人类生活中更大的性别问题。在人类学的文化研究中，尽管研究的是个案，但是对于个案的深入考察和研究，结合其他资料的考察途径和方法，能更有效地说明整体的问题。当然，尽管剖析的只是个案，但研究的目的在于整体；尽管研究和考察的是一小部分，但指向的是更为广泛的议题。

个案研究追求的是在于对事物的深入考察，深入地考察和研究，其目的是寻求“共相”，或者探究“同一”的东西。[②] 苗族在长期的社会历史发展过程中，逐渐形成了各个支系，各个支系都有其自身体育活动项目和体育活动形式，但是，苗族之所以为苗族，必然有苗族的“共相”，或者“同一”的地方。苗族文化或者说苗族体育文化，尽管其外在的表现形式可能是不一样的，但是文化的内核，或者说文化的精神层面应该是一样的，要不然，他们就不成为苗族或者苗族体育了。正如李亦圆先生所认为：人类学研究主要是文化研究，揭示的是价值观念，而不仅仅是行为表象，而文化价值观念是具有“普遍性”的。[③] 因而，本研究主要是考察台江县苗族体育中的“共相”或“同一”，而不是对于台江县各个地方的苗族体育项目、内容和具体运动形式的调查，是考察苗族体育之所以为苗族体育的文化内核。

苗族体育是苗族人民在长期的社会日常生活中逐步形成的，对于苗族文化的理解和诠释，我们需要了解在其自然的环境之下他们是如何建构这种文化的

① 卢克·拉斯特．人类学的邀请[M]．王媛、徐默译．北京：北京大学出版社，2008：60.

② 邬昆如．哲学概论[M]．北京：中国人民大学出版社，2005：82.

③ 陈向明．质的研究方法与社会科学研究[M]．北京：教育科学出版社，2000：411.

意义，对这种文化的研究我们需要了解他们自然的状态之下的日常社会生活体验。这是一种深入社会生活的考察，本研究将运用质的研究方法，选取台江县施洞镇作为研究个案，通过解剖“麻雀”的方式，进行横向的田野考察研究，结合现代化进程中台江县苗族体育的历史纵向考察，剖析台江县苗族体育的形成、变迁、与他民族体育的互动和交融的过程、特征和规律，提出台江县苗族体育发展的总体战略、思路和方法途径。

第二节　研究对象与地点

一、研究对象

苗族是我国人口在百万以上的民族之一，在全国少数民族人口中居第四位，目前，国内苗族主要分布在贵州、湖南、云南、重庆、广西、湖北、四川、广东、海南等省市自治区，与各地其他兄弟民族形成大杂居、小聚居的分布局面。

苗族在历史上经过几次大迁徙之后，已经分别居住在全国几大片，后来又经过一些局部迁徙，与其他民族交错杂居，总体上呈现“大聚居，小杂居”的局面。目前，在贵州省除了黔东南州为一大聚居地，人口超过一百万之外，松桃县与湘、鄂、川的苗族连成一片大聚居地，人口超过百万，贵州其他地区苗族分布都较为分散。在其他地区，从贵定县西南经龙里县南部到贵阳东南，惠水县的云雾山到高坡连成一片。贵定县、龙里县北部、开阳县东南和福泉县西部，在南明河下游也大致连成一片。紫云县东南部、望谟县东北部、罗甸县西部和望谟县的麻山到四大寨又连成一片，是苗族聚居较多的地方。台江县地处贵州苗僵腹地，是一个典型的苗族聚居的集中区，据第四次人口普查资料，凯里市苗族人口，约16000多，在各县、市、区中最多，但在所有县、市、区中，台江县苗族人口占总人口的95%以上，为苗族人口最集中的县市。①

台江县地处云贵高原东部苗岭主峰雷公山北麓、清水江中游南岸。境内地形地貌奇特，高山、盆地、河谷错落有致，相辅相成，最高海拔1980米，最低海拔455米，平均海拔717.5米，山川秀丽，景色宜人，属中亚热带温和湿润气候区，雨量充沛，冬无严寒，夏无酷暑，年平均气温16.5℃，年平均降水量1801.7毫米，无霜期320天，是农、林、畜、渔的适宜地，农业发展条件十分

① 贵州省地方志编纂委员会．贵州省志·民族志[M]．贵阳：贵州人民出版社，2002：19.

优越。台江县现有人口 14.5 万，有苗、侗、土家、布依等 15 个少数民族，其中苗族同胞占全县总人口的 97%，有“天下苗族第一县”之称。台江县民族文化和民族风情古朴浓郁、得天独厚：有依山傍水的民居建筑文化，精美绝伦的苗族刺绣文化，瑰丽夺目的工艺制品，巧夺天工的银饰盛装，热情奔放的笙鼓舞蹈，惊险火暴的舞龙嘘花，心惊肉跳的牛斗狗争娱乐活动；有“世界最长的祭祖节”，有世界最古老的“情人节”——姊妹节，有闻名遐迩的“东方迪斯科”——反排木鼓舞，有“世界唯一的施洞独木龙舟节”，有悦耳动听的苗族大歌、方召情歌、反排多声部等。是少数民族文化的海洋之精髓，是典型苗族文化的缩影。①

从历史上来看，苗族先民自商、周西迁后，从党告松计(地名)迁入台江县定居。苗族迁入台江县时就有九个氏族，九个宗支，俗称九鼓苗寨。台江县苗族迁入贵州之后，一直处于封闭的自给自足的自然经济社会，基本未受外来因素的干扰和影响，直到 1727 年才被镇远知府发现，到 1728 年清朝政府降旨招扶，到 1733 年建台拱厅，距今约 270 年。② 台江县苗族是一个相对封闭的族群，受到外来文化的影响较小，其苗族原生态的文化保持相对较好，在迁入台江之前属于典型的苗族文化，在进入台江之后又较少受到外来文化影响，在自给自足的社会历史环境中创造了具有自身特色的苗族文化，特别是在精神思想层面，它深深植入了苗族的体育文化当中。它具有典型苗族文化的特点，并保存完整，同时又在新的地理生态环境中创造了自己特色的文化内涵之一。历史上苗族是一个战争、迁徙的民族，而台江苗族在清朝以来一直过着富裕的自给自足的社会生活，属于贵州原始世居的民族之一，其民族性保持得较为完整和淳朴，其历史文化为典型的苗族文化，具有典型代表意义。

自新中国成立民族识别以来，台江县政治、经济和社会一直发展很快，台江县的苗族文化的传播和发展也具有明显特征和典型的代表意义。苗族体育的发展除了其自身的民族传统体育之外，一些非传统体育项目也发展迅速，特别是许多西方现代体育项目。近几年来，县政府大力发展旅游事业，打造了一些国际知名的苗族民俗文化节日，如“苗族姊妹节”、“独木龙舟节”等，吸引了大批的外来游客和观光者。早在 20 世纪 50 年代开始，就先后有欧洲、美洲及东南亚等国际友人和我国港澳同胞前来观光。近年来，随着旅游事业的发展，使台江县与国外、国内其他地区的交流更加频繁，各种多元文化在此汇聚、互动

① 台江县人民政府网．www.gztaijiang.gov.cn.

② 贵州省台江县志编纂委员会．台江县志[M]．贵阳：贵州人民出版社，1994.

和交融，这正是当前少数民族文化发展的一个典型特征和少数民族文化发展所遭遇的一个现实问题。各种文化的交流与碰撞，排斥与交融，对于苗族体育也产生了较大的挑战，也是社会转型时期苗族体育传承与发展所面临的一个现实问题和矛盾，是当前台江县苗族体育或者整个苗族体育发展亟待解决的现实问题。

另外，研究者作为贵州人，对于家乡来说具有独特的民族情感，愿意为家乡体育事业的发展略尽绵薄之力。而且对于笔者的研究来说，也具有了天时、地利、人和之便，在进行此项研究之前，笔者就曾多次深入台江县的城镇和农村生活之中，并且已经交往了许多苗族朋友，对于苗族的生活和习俗都有了一定的了解。基于以上几个因素，笔者选择了台江县苗族体育作为研究对象。

当然，作为"质的研究"而言，对于个案的选取也是符合"质的研究"的标准的。Joseph A. Maxwell 在对做"质的研究"设计中就明确指出：在质性研究中，通常的取样方式既不是概率取样也不是方便取样。它属于第三类取样方式，笔者称为目的性取样，有的人称为目的性取样或者基于标准的取样。在这种方法中，特定的情景、个体以及活动都是有目的性被选择的，以获得那些不能从其他选择中获得的信息。[①]

二、研究地点

(一)选择研究地点

本研究是要考察整个台江县苗族体育的变迁、互动、交融和发展状况，需进行一定的田野调查，考虑到城乡差异，选择县城作为长期实地调查居住点，以便进一步了解县城状况，并对台江县其他六个乡镇进行实地考察，根据研究目的和实际条件，选择施洞镇作为田野调查点。

台江全县共 8 个乡镇，161 个村(居)委会，台拱镇为县城所属镇，是中心城镇，是全县政治、经济文化的中心，考虑到台江县城乡差异状况，在实地考察中以台江县城作为居住点，一是县城为中心地，距离其他乡镇较近，每次去各地调查在交通等各个方面相对便利；二是可以在县城做一些体验式考察。笔者在县城居住期内分别对革东镇、排羊乡、台盘乡、革一乡、老屯乡、方召乡和南宫乡进行实地考察。

---

① A Maxwell Joseph. 质性研究设计[M]. 陈浪译. 北京：中国轻工业出版社，2008：112.

施洞镇距离县城35公里左右，在台江县的所有乡镇之中，施洞镇的体育活动开展最具代表性，其中有两大重要的活动内容(一是“苗族姊妹节”，二是“苗族独木龙舟节”)在国际、国内早已是声名远播，每年到施洞镇观看两大节日的国内外友人数不胜数，它是台江县与外界交流的一个重要窗口之一。

(二)进入田野研究点

2010年1月11日，笔者在确定了田野调查的居住点之后，通过施洞镇书记的电话联系，由笔者的学弟(台江县人，懂苗语)带领，第一次进入巴拉河村。由于学弟懂苗语，笔者与其表弟的着装与当地人大致相似，并未产生引人注目的效果(当地经常有许多学术研究者或者是旅游者到此，村民对一些外来人已司空见惯，一般不太容易引起他们的注意)。笔者来到巴拉河村江主任家，与他进行了对接，商谈了一些相关入住事项，基本了解了一些当地村民的习惯、习俗之后，便回家准备进入调查点的相关准备事项。2010年1月13日，笔者经过认真准备，包括对于当地居民的习惯、习俗知识，自己的衣着打扮等尽量符合当地人的习惯，而不引起当地人的过多注意力，以一种正常的、符合当地人生活的状态，再次来到巴拉河村，正式入住田野调查点，以村主任江主任亲戚的身份居住在江主任家。

第三节　研究方法

本研究以辩证唯物主义和历史唯物主义为指导思想，坚持理论与实践相结合，以理论指导实践，以唯物辩证法为根本观点，是在其指导下典型个案的深入调查，是“质的研究”方法参与调查的运用。

一、方法论

研究方法从总体上来说应该包括三个层面：①方法论，即指导研究的思想体系层面；②研究方法或方式层面，即贯穿于研究全过程的程序与操作方式；③具体的技术和技巧层面。[①]

从方法论的层面来说，研究的观点是我们得出科学研究成果的前提条件，如果在伪科学的前提下进行研究，那么你只能得出伪科学的结论。例如，在19

① 陈向明．质的研究方法与社会科学研究[M]．北京：教育科学出版社，2000：5.

世纪末和20世纪初的人类学研究中，欧洲大陆乃至美国人民相信达尔文的进化论观点在人类社会中是同样适用的（即社会达尔文主义①），相信人类社会种族有优劣之分，并不断用科学去证明这一事实，结果也没取得什么成就。因而，对于研究者来说，正确、科学的研究观点和视角（方法论）是保证取得科学结论的前提。

我们承认世界的多样性、复杂性和平等性，所有的文化也具有多样性、复杂性和相对性（平等性），文化的研究应该在此观点之下开展。苗族历史悠久，民族文化灿烂，底蕴深厚，对于苗族文化的研究成果颇丰。苗族体育是苗族文化的重要组成内容，其同样具有多样性、复杂性和平等性的特征。苗族体育是苗族人民社会生活和精神生活的重要内容，是苗族文化的重要组成部分，作为一种文化和社会日常生活现象，本研究采用"质的研究"的方法体系为主体研究方法，显然是恰当的。

"质的研究"作为一种方法体系，它更多指向的是一种研究的价值取向或者说研究的一种具体范式。本研究致力于对苗族体育深入、细致的考察与研究，致力于对个案的考察，以"解剖麻雀"的方式，透彻理解个案，通过苗族体育历史变迁、互动与交融的纵向历史考察，结合个案田野的横向现实考察，寻求从"殊相"到"共相"，研究台江县苗族体育的发展问题以及其对于其他地区苗族体育的发展启示。

运用一种研究方法的取向或者说范式是要严格按照这种方法体系或者说范式的规范、程序、操作方法。田野调查法是"质的研究"的一种重要方法，而不是说只要运用了田野调查法就是"质的研究"。"质的研究"的几个显著特征是：①对于研究者而言，研究对象是真实社会情境中人们的社会生活，是在自然的状态下对人们社会生活的理解，是一种"自然状态"下的研究，而不是被控制或人为的、被操控的状态下的研究；②研究者是从一种参与者的视角，采用从生活于其中的人们的视角来理解世界的观点，在他们的生活情境中，他们是如何看待和理解社会生活的；③研究过程中，研究者以深入其中的方式参与研究，其本身即是研究资料的"搜集工具"，通过观察、访谈等手段来获取资料，而不是通过定量研究的问卷、清单、量表等；④"质的研究"是以"意义"为中心，通

---

① 社会达尔文主义（social Darwinism），流行于19世纪末20世纪初，它把达尔文在自然界动植物的自然淘汰法则应用于个人、群体及种族的理论，认为人类在社会生活中，弱者愈弱，文化受到限制，该学说强调人类在社会生活中，就是为了生存而进行一场斗争，要受"适者生存"的规律制约。在20世纪，随着有关生物学、社会学、文化学知识领域的扩大，其理论越来越受到驳斥而逐渐衰落。

过研究，考察人们社会生活中的行为所代表的“意义”，以诠释人们的行为或社会生活意义为主要目标。[①] 本研究主要以“质的研究”的价值取向和方法体系为主要研究方法，通过对于个案的田野调查，台江县其他地区的实地调查，历史、实物资料的分析等方法，详细考察了台江县苗族体育的变迁、互动与交融的历程与发展规律。

二、研究方法与技术手段

(一)田野调查

田野调查也称为田野工作，是指经过专门训练的人类学工作者亲自进入某一社区，通过直接观察、访谈、居住体验等方式获取第一手研究资料的过程。[②] 田野调查的主要特征是真实性、深入性和直接参与性，研究者直接参与到研究群体的社会生活中，与研究者同吃、同住、同劳动、同参与，融入研究群体的日常生活之中，获取研究群体的认同，体验研究群体的日常生活，体验和了解研究群体价值观和思维模式等，在此基础之上，通过观察、访谈等手段，获得与他们局内人的共同信息。

经过前期田野调查点的选择和对调查点的相关民俗、民风的了解后，笔者于2010年1月13日(农历2009年冬月二十九)以村主任亲戚的身份入住施洞镇巴拉河村村主任家。本田野调查共分三个阶段，第一阶段：笔者2010年1月13日在巴拉河村居住至2010年4月10日(农历2010年二月二十六)，历时近整整三个月，其中在2010年2月14日至2月15日(农历2010年正月初一到初二)回家一次，其余时间一直居住于巴拉河村，对巴拉河村和施洞镇其他村寨进行考察。在此期间，笔者与村主任一家一直生活在一起，与他们共同生活，共同劳动，共同参与和体验各种娱乐活动。调查初期正值过年前后，巴拉河村各家各户准备杀猪过年，相互请客，笔者以村主任亲戚的身份，与村主任经常共同走家串户、拜访巴拉河村和施洞镇其他村寨各家各户，与他们一起吃饭，一起喝酒，一起娱乐。

第二阶段：2010年4月20日(农历三月初八)至2010年5月10日(农历三

---

① J. Amos Hatch. 如何做质的研究[M]. 朱光明、沈文钦等译. 北京：中国轻工业出版社，2007：7—9.

② 周大鸣. 人类学导论[M]. 昆明：云南大学出版社，2007：55.

月二十七)，历时21天，笔者再次入住施洞镇，针对台江县和施洞镇姊妹节[①](农历三月十四)进行专门调查。

第三阶段：2010年6月29日(农历五月十八)至2010年7月17日(农历六月初六)，历时20天，笔者入住施洞镇针对施洞镇独木龙舟节[②]做专门调查。在独木龙舟节的调查中，笔者作为独木龙舟竞赛的总体策划者和组织者，带领贵州师范大学体育学院的四位教师，与当地龙舟协会和台江县龙舟竞赛裁判一起，参与策划、组织、举行台江县施洞镇2010年独木龙舟节的整个竞赛过程，从中获得对独木龙舟竞赛的最直接、最深刻的体验，得到了最原始、最真实的第一手资料。

在整个田野调查工作中，笔者主要采用了观察、访谈和亲自参与体验的手段，运用了摄像、照相、录音和纸笔记录的技术手段，笔者在田野调查和拍摄录像近120小时，照片1000余张，录音资料80多小时。

1. 访谈

在田野调查中，笔者主要采用了结构性访谈、半结构性访谈、非结构性访谈的方式。[③] 对于现代化进程中台江县苗族体育变迁状况、与他民族体育的互动与交融状况，苗族的体育价值观和态度变迁状况，以及各种变迁影响因素进行访谈研究。访谈对象包括：现代化进程各个历史阶段的各年龄段的苗族人、当地世居苗族人、当地苗族外出工作者、当地居住外出务工返乡苗族人、当地居住生活的非苗族人、研究当地文化的专家学者，外来台江县的旅游者，以及当地苗族和非苗族体育工作者等。访谈采用的技术手段主要运用纸笔记录、录音两种。

2. 观察

在田野调查中，笔者采用了参与观察和非参与观察两种形式的观察。观察

---

① 姊妹节，是台江县施洞镇每年必过的民俗节之一，它是苗族男女青年相会，自由择偶的节日，俗称东方古老的情人节，在施洞镇被称为女人的节日，一般是每年农历的三月十四到十六三天，其他地区的姊妹节举行的时间与施洞镇略有不同，但节日内涵和活动内容大体一致。施洞镇的姊妹节起源于施洞镇杨家寨，近几年来，由于台江县政府打造民族文化旅游，每年的姊妹节首先是在县城开始举行，然后转移到施洞镇。

② 独木龙舟节，是苗族独有的传统体育项目之一，当地俗称龙船节，于每年农历的五月二十五举行，原本是每年的五月初五举行，由于五月初五正是当地农忙季节，后改为五月二十五，一般持续四到五天左右，在当地被称为男人的节日。

③ 诺曼·K. 邓津、伊冯娜·S. 林肯. 定性研究：经验资料收集与分析的方法(第3卷)[M]. 风笑天、周晓春等译. 重庆：重庆大学出版社，2007：683—694.

的主要内容将涉及：各种民俗节日中的体育活动和其他非体育文化活动、各种节日民俗文化活动(包括体育、音乐、舞蹈、游戏等)、民间日常体育活动、各种体育竞赛活动、学校体育活动等各种体育和文化活动，以及苗族人们在参与这些活动中的外在情感的表现。观察的技术手段主要采用研究者观察记录、摄像和照相几种手段。

3. 参与体验

在田野调查中，笔者与当地居民一起共同生活，一起吃、住、行，与他们一起劳动，一起赶集，一起参加各种体育和娱乐活动，充分体验和感受了当地人的生活，尝试着用他们的思维去思考问题，用他们的眼光去看待事物。最有幸的是笔者完全参与施洞镇2010年独木龙舟节整个过程，并获得相当丰富的实际资料。

(二)实地调查

本研究以施洞镇作为田野调查点，在田野调查的基础上，以历史资料的分析为主，对现代化进程中台江县苗族体育的变迁进行分析研究，总结台江县苗族体育的变迁特征和规律。为更准确把握事实材料，笔者以历史文献资料和实地考察相结合的方式，对台江县苗族体育变迁的总体特征和规律进行分析研究。

2010年7月20日至10月10日，曾分三次入住台江县城，第一次入住时间为20天，第二次入住时间为14天，第三次入住时间为22天。在此期间，主要进入到台拱镇、革东镇、排羊乡、台盘乡、革一乡、老屯乡、方召乡和南宫乡，针对台江县各乡镇的苗族体育的开展状况、部分历史资料和历史人物以及体育变迁状况进行实地调查。

(三)文献资料分析

对于“质的研究”，田野调查是一种重要的方法，它可以获取第一手的、直接的、深入的资料，但是田野调查也具有其局限性，田野调查在调查面或者说大量事实资料的代表性上显然受到人力、物力、财力和研究者精力和时间的限制。因此需要大量的文献资料的说明和补充，使直接资料和间接资料相结合，第一手资料和第二手资料相结合，才能较为全面反映调查事实。当然针对不同的研究目的，使用的方法应该不同，田野调查仅能对调查点的内容进行考察，而且田野调查不可能是大面积的，而只能是局部的调查。但是要研究一些规律性的东西，所选用的调查方式必定是适应面积较大、较广的。所以在本研究调查中，需要通过一定的实例或个案研究，结合其他的研究成果，进行全面细致研究。

本研究将涉及社会变迁和文化变迁理论知识，民族学、民俗学理论知识，少数民族理论知识，苗族文化理论知识，民族传统体育和少数民族传统体育基本理论等各种相关资料。研究通过网络、期刊、报纸、图书、贵州省志、黔东南州志、民族志、体育志、台江县志、相关统计年鉴、部分政府报告与文件、少数民族相关政策法规，台江县及施洞镇相关活动记录，以及各种相关录像资料、照片资料、相关实物资料或复制品资料等，收集并查阅了研究所需文献资料。

(四)比较研究

对于规律的探讨离不开历史的考察，只有通过对历史经验的总结，使历史与现实相结合，方能做到继承和发扬，保留与扬弃。正如安东尼·吉登斯所言：当我们研究大范围社会变迁时，把历史与比较的视角结合起来的做法是很有必要的。我们需要使用更广阔的历史与比较的研究方法把现代化进程视为一个整体进行研究。[①] 本研究通过对现代化进程中台江县苗族体育的变迁、与他民族体育的互动与交融的各个历史阶段的纵向比较分析，结合田野调查和实地调查的城乡资料的横向比较，分析总结台江县苗族体育的变迁、发展的规律，以及台江县苗族体育的发展战略和措施、方法与途径。

三、信度与效度

信度指的是测量方法的质量，即对同一现象进行重复观察是否可以得到相同的资料。效度是指实证测量在多大程度上反映了概念的真实含义。[②] 信度与效度对于“质的研究”与“量的研究”来说可能在处理的方式上完全不同，但信度与效度问题同“质的研究”和“量的研究”一样不可回避。

(一)信度的处理

“质的研究”的田野调查，要求研究者以自然的状态融入当地人的社会生活，以当地人的思维进行思考，以当地人的观点看问题。在田野工作中的另外一个

① 安东尼·吉登斯．社会学(第四版)[M]．北京：北京大学出版社，2003：827.

② 艾尔·巴比．社会研究方法(第10版)[M]．邱泽奇译．北京：华夏出版社，2005：137，140.

问题是由于长期与当地人生活一起，容易导致“过度融入”，研究者具有了与当地人完全一样的思维与观点，仅以当地人的思维思考问题，不能站在局外人的视角观察问题。而研究者的个人因素在进行质的研究的探讨中非常重要，这是因为在这种研究中研究者本人是“研究工具”，而“研究工具”的灵敏度、精确度和严谨程度对研究的质量至关重要。所以研究者需经常对自己的个人因素及其与研究对象之间的互动进行反省和审视，客观看待自己的主观意向，使“主观性”获得一种比较“客观”、严谨、自律的品质。[①] 处于当地人的立场和局外人的立场，始终以“自观”和“他观”相结合的视角进行研究。

针对这一问题，笔者在研究过程中设计第一阶段田野调查为 3 个月左右时间，去充分了解和体验当地人的社会生活，在了解当地人的思维方法、生活习惯、习俗和文化背景之后，田野调查的时间以 2～3 周为一个周期，在当地生活一段时间，又回到自己的生活环境，并在此过程中保持不断地反思与反省，不断对比不同文化的思维方式，以确保“自观”与“他观”相结合。

劳伦斯·纽曼认为，社会研究的“真”，对于诠释主义或诠释的社会科学来说，获得被研究者的共鸣，获得他们的认同是重要的检验手段。[②] 笔者于 2011 年 1 月完成初稿，并于 2011 年 1 月 15 日至 2 月 1 日，再次进入施洞镇和台江县城，就论文中的许多事实描述、观点、见解反复与当地人、部分前期的调查对象求证、讨论，听取他们的意见和建议，反复修改，力求论文中的研究与事实相吻合。

(二)效度的处理

“质的研究”的田野调查必然局限于一定的调查点，对于其研究结果的效度必将提出一定的挑战。按照 M. 米德的观点，在人类学的抽样逻辑中，研究结果的效度不在于样本数量的多少，而在于样本的限定是否合适，即该样本是否能够作为一个典型的、能够代表本文化完整经验的个案进行准确的研究。而陈向明则认为，有时在这种抽样的方式中，尽管研究者的抽样可能被认为是不正常或者是极端的，而且并不具有“代表性”，但是就研究目的而言，对这种独特现象的揭示有可能比一个典型现象更加具有说服力。[③] 在文化人类学的研究中，

---

① 陈向明．质的研究方法与社会科学研究[M]．北京：教育科学出版社，2000：118.

② 劳伦斯·纽曼．社会研究方法——定性和定量的取向[M]．郝大海译．第 5 版．北京：中国人民大学出版社，2007：116.

③ 陈向明．质的研究方法与社会科学研究[M]．北京：教育科学出版社，2000：105.

最为成功的案例是鲁思·本尼迪克特的《菊与刀》的研究，作者尽管并未亲自去日本做过田野调查，但是她通过其他各种形式获取的资料同样取得了巨大的成功。[①] 劳伦斯·纽曼提出了定性研究中效度的意义：①要考虑有效，研究者真实的主张看上去应是合理的，看上去合理意味着相关的数据和表述不是互相排斥的，他们既不是仅有可能的主张，也不是世界上一种真理的说明；②研究者的经验主张得到各式各样的经验数据的支持，便具有了效度；③研究者连续在不同的数据中探索，并考虑它们彼此间的联系，就会增加效度。[②]

在研究中笔者通过以下几种途径，力争最大限度提高研究成果的效度：①选择施洞镇作为田野调查，台江县城和其他乡镇作实地调查，通过兼顾城镇和农村差别，并结合台江县其他七个乡镇的实地考察以获取全面资料；②利用大量的相关文献资料、访谈回忆，结合田野调查和实地考察的资料，采用三角校正方法，对所获取的历史资料和田野调查资料进行逻辑检查、印证、分析；③对于最后的研究结果，笔者于 2011 年 1 月到 2 月之间，反复征询台江县苗族体育相关分管领导和工作人员，施洞镇相关分管领导和工作人员，贵州省体育局和贵州省民委的相关分管领导和工作人员，以及贵州省苗族文化和苗族体育文化研究专家的意见和建议，对于结论进行反复论证修改。

四、研究的伦理与政治

社会科学的研究是在社会政治、经济和文化的范畴之下进行，而不是与外界隔绝的真空中进行，研究的实施、撰写以及研究成果的公开，必然会涉及研究者、被研究者在社会环境中的关注和压力。在文化人类学的研究者中，采用“质的研究”模式，研究的伦理是研究者不可回避的重要问题。有关研究者的伦理包括保护研究主体、遵守伦理道德进行诚实的研究、消除资助人的干预，以及公开明确发布研究结果。[③] 笔者在研究者中严格遵循学术伦理道德，在研究过程中尊重和遵守苗族人民的风俗习惯、民俗禁忌和民族信仰等，诚实进行研究，重点关注被研究者的知情权和隐私权。在研究过程中，对于调查的目的、成果的应用，笔者都会在调查之后不厌其烦反复向被研究者进行说明和解释，在征得他们同意之后才对材料进行处理和公开。在研究过程中笔者发现，苗族

---

① 鲁思·本尼迪克特．菊与刀(插图评注版)上、下[M]．刘锋译．北京：当代世界出版社，2008.

② 劳伦斯·纽曼．社会研究方法——定性和定量的取向[M]．郝大海译．第 5 版．北京：中国人民大学出版社，2007：236.

③ 同上，617.

是一个开放的民族和善于自我表现和自我表达的民族，他们对于笔者的调查总表现出一种积极和宽容的态度，他们擅长表达他们的情感而并不掩饰，希望能通过笔者的研究能让他人多了解苗族人民的生活和文化。正是苗族人民的这一特征，使笔者在研究的过程省掉了许多的麻烦，并获得了大量的第一手资料，使笔者的研究进展顺利并且过程十分愉悦。

社会科学研究要处于较高层次的视角，任何社会科学学术研究都需要关注学术与伦理、学术与政治问题。如果仅仅是“纯学术”的研究，那么仅关注了学术与伦理的问题，事实上还应该关注学术与政治的问题，因为没有任何社会研究是能离开政治的。仅从学术的角度进行研究绝对不够深入，所谓的纯学术也是不完备的，真正的学术是需要关注政治，考虑社会的政治、经济、文化背景，从整体的视角提出战略思考的，而不是仅仅从学术的角度来说应该如何，这种研究忽略了生存背景，断章取义，没有生存的土壤，必然将枯竭。这样的研究并不是真正好的研究，当研究不考虑生存的条件，离开生存背景，那它什么都不是了，真正好的研究成果就要擅长把学术用整体的观点，关注政治与学术之间或者说学术与社会之间的重要关系，提出真正有效的、能解决实践问题的方法或策略。所以要从战略的高度来审视问题，战略的高度指的是一种境界、一种层次、一种实践运用与转换的问题，是人类学中整体与宏观的视角。因而，本研究在注重研究伦理的同时，更注重于学术与政治的关系，使研究从社会政治、经济、文化实践中来，而又力争研究成果回归到社会实践当中，能在社会实践中服务于社会。

第三章
现代化进程中苗族体育的变迁——台江县个案研究

第一节　文化变迁与苗族体育结构划分

一、文化变迁

文化变迁一般是指文化内部的发展以及不同文化之间的接触而引起的文化的改变，[①] 或者说是文化本质性内容的增加或减少并因此引起文化的结构性变化。[②] 文化的变迁并不仅仅是内容的简单增加或者减少，而主要体现在结构上的变化。《辞海》、《中国大百科全书》、《社会学简明词典》等对文化作了相似定义：广义的文化是指人类社会历史实践过程中所创造的物质财富和精神财富的总和。从我国通常对于文化结构的分类来说，有"二元结构"、"三元结构"、"四元结构"和"多要素结构"的划分。[③] 本研究中的文化的变迁是以文化的"三元结构"为基础，把文化结构划分为精神思想层面、制度行为层面和物质形态三个层面进行研究、探讨。在此需要说明的是本文主要探讨的是文化变迁，而不是社会变迁，文中所用的文化变迁并不涉及社会变迁的结构问题，二者虽然有一定关系，但是有明显区别的。文化变迁主要研究文化环境诸现象的变化，如文化特质、文化模式、文化风格等的演变；而社会变迁主要研究社会环境诸现象的变化，如社会关系、社会群体及社会生活的演变等。[④] 本研究主要从人类学、文化学的视角探讨苗族体育的变迁。

① 麻国庆．走进他者的世界[M]．北京：学苑出版社，2001：302.

② 陈华文．文化学概论[M]．上海：上海文艺出版社，2001：173—174.

③ 林耀华．民族学通论(修订本)[M]．北京：中央民族大学出版社，1997：390—392.

④ 司马云杰．社会文化学[M]．济南：山东人民出版社，1987：302.

二、变迁阶段划分

文化的变迁是结构性的改变，导致文化变迁的影响因素较多，从宏观来看，主要是内部原因和外部原因。内部原因主要是由社会内部结构的变化而引起的，外部原因主要是自然环境的变化或社会环境的变化而引起的，如民族的迁徙，政治制度的改变，与他民族文化的接触等。① 从具体层面来看主要有几个原因：①文化集团内生产方式的变更导致各种社会现象的变更，从而增加或减少文化形态而产生变迁；②由于不同文化在互动中的传播和流动，受到外来文化的冲撞和影响而增加或减少一定的文化形态所导致的文化的消亡或产生的文化的变迁；③由于新旧文化的交替，文化的继承和发展，与外来文化的碰撞和交融，引起文化的分化和斗争而产生的变迁。②

本文研究新中国成立以来，现代化进程中台江县的苗族体育的变迁过程，考察苗族体育的精神思想层面、制度行为层面和物质形态层面的文化变迁，根据台江县政治、经济和文化的发展变化和社会结构的明显改变阶段，以及对台江县整个社会文化变迁产生较大影响而导致台江县整个社会文化变迁的因素，把台江县苗族体育变迁大致划分为：①传统自由与政府介入期；②曲折发展期；③互动与恢复期；④交融与快速发展期。

三、体育结构的划分

体育作为文化大系统中的一个子系统，是人类文化的重要组成部分，是人类文化宝库的亮丽瑰宝。由于在当前历史阶段一些概念界定的不统一，有学者或专家总有"体育"和"体育文化"的区分称谓，笔者认为，无论从哪个角度来说，体育原本就是一种文化，是人类文化的重要组成部分，所以当我们谈到体育，就应该指的是包括其精神思想层面、制度行为层面和物质形态层面的完整的文化结构系统，而不是另外再称谓体育文化的说法，因而本研究中的体育是指包括文化三个层面的体育。

我们在考察体育历史起源时，从历史的终极起源来说，现在我们所讲到的生产劳动、宗教祭祀、军事战争、健身娱乐等，应该说是理所当然的，但与其说是起源不如说是来源。在远古的时代，人类在生产劳动中的劳动形式、宗教

---

① 王鸣名．布依族社会文化变迁研究[D]．中央民族大学博士论文，2005：12.

② 陈华文．文化学概论[M]．上海：上海文艺出版社，2001：178—179.

祭祀中的宗教祭祀形式、军事战争中的战争形势等，严格来说根本不能算是体育或者体育的形式，它们仅仅就是劳动、祭祀、战争，当社会发展到了一定的时期，这些东西才逐步演化成了体育，才具有体育的特征，也就是说才可以称得上是体育，所以，就是包括体育的起源也是值得考察的，不是说从人类开始就是有体育的，体育的产生具有它产生的社会和文化背景，只有具有了这一背景之后，才可能产生体育。至少它是滞后于生产劳动的。(如当劳动、军事的某些肢体运动形式产生以后，人们发现通过一定形式的练习可以增强军事或劳动的效果，于是，人们在闲暇之余就把这些形式采用一定训练方式来发展，包括其力量、速度、灵敏度等，并把它们作为一种固定形式的训练方式，那么这些训练方式就成为了对于人体的专门训练，也就是我们所说的体育，对于强身健体的体育活动而言，也是当它们真正成为一种独立的训练方式，用以发展身体或娱乐精神、心理，那么它们就成为了真正的体育)任何一种社会活动形式，只有当社会发展到了一定的时期，它们才先后演变成体育，如舞蹈、战争、祭祀的各种形式，到了一定的历史阶段，它们已经失去其原本的意义转而演变成体育。所以，以至于现在体育与舞蹈、劳动、战争等各种身体活动形式始终交织在一起而难以区分。

从历史的角度考察，最早的体育应该是强身、娱乐、防病治病、军事、祭祀等的活动内容，因为它们从一开始产生就是体育，符合体育的本质，而其他的形式都是发展到了一定的历史阶段才逐步演变成体育的。当它们演变成体育之后，其发展有几种形式：一是继续作为舞蹈或祭祀行为，当最为原始的精神已经淡化；二是已经完全成为体育的一种形式进行发展，就好比现代的许多体育项目在远古时期就是一种劳动方式，而现在仅仅是体育而不再是劳动方式了；三是二者还处于过渡期，即既可以当体育，又可以当舞蹈、劳动等，这一时期是最难以区分体育与它们的关系的，所以，在这一时期它们应该既可以是体育，又可以是劳动或舞蹈；当然，这一时期的这些形式可能有两种发展趋势，一是到了未来就完全是一种体育活动，如现代的标枪等，另外一种趋势就是又回归其本来的形式即舞蹈或劳动，发展成新的舞蹈和新的劳动形式。并且，现在许多身体活动形式和文化的内容中，也存在着体育的形式。

在现代社会的发展过程中，任何一种新的活动形式或体育形式的产生，都有其本身的特点，在其发展过程中(现代社会的发展使得各种信息、文化的传播出现及时性的特点，一种新的文化形式一旦出现，很可能立即被其他文化借鉴或采用，因此，现代社会中各种文化或文化形式的交互作用结果就十分明显了，而各种文化形式之间的界限逐渐地模糊），其中任何一种形式具备了能成为另一种形式的特征之后，二者就完全可以相互转化，两者中的元素可以互通和互相使用，这是不违背事物发展规律的。其中，要转变的关键就是要具备二者共用的元素。当它们具备了彼此的共同元素或要素后，彼此就可以相互转变。

对于与体育活动相似的许多身体活动文化现象，它们与体育之间的外在表现形式极为相似，如舞蹈、戏剧、杂技、宗教祭祀、劳动等，它们与体育活动之间既有许多相类似的地方，又有许多差异之处，有些甚至到了难以区分的程度。在对待这些与身体活动有关的文化现象时，我们把它们当做体育活动来考察和研究时，实际上是我们在换取一种新的视角在考察和研究这些文化现象。一种新角度的考察和研究，不仅利于其文化现象本身的认识，而且有利于另一种新领域对知识的补充和丰富。

从体育产生的历史背景来看，一些体育的产生具有它产生的社会和文化背景，只有具有了这一背景之后，才可能产生体育。当然，任何一种身体活动形式，只有到社会发展到了一定的、具备体育产生条件的时候，它们才先后演变成体育。而且，当某些身体活动形式发展到了一定的历史阶段，它们已经逐渐失去其原本的意义而转而演变成体育，如舞蹈、战争、祭祀的各种形式。特别是到了现代社会，信息的传播让社会之间的距离越来越近，现代社会的发展使得各种信息、文化的传播出现及时性的特点，以至于现在体育与舞蹈、劳动、祭祀活动等各种身体活动形式始终交织在一起而难以区分，特别是在少数民族传统体育领域尤为明显，本研究并不着力于区分这些内容，而是要将这些内容综合起来考察，以力求从多角度全面理解和解读苗族体育。

本研究着力于探讨苗族体育的历史变迁，所以应当从历史学的范畴进行研究。当然，从历史学的角度来说并不需要对原始数据进行解释，而对于民族学、文化学、人类学或者社会学来说，需要对这种文化事象进行诠释，说明原始数据后面所代表的“意义”。所以本研究在历史学的范畴中，结合人类学、文化学、民族学的视角、观点和方法考察台江县苗族体育。在历史学的范畴中，体育的指称范围就相对较大。在体育史学中，体育指的是游戏性的身体活动，以及这些身体活动为基础的其他社会活动和社会关系，它作用于人自身自然导致其产生的积极性变化。并且体育的发展不仅仅以身体活动方式作为核心要素，而且其还包括在这些身体活动基础上的其他社会活动和社会关系的发展。[①]

---

① 谭华．体育史[M]．北京：高等教育出版社，2009：1.

苗族体育无疑是苗族民俗活动内容之一，与其他民俗活动内容一样一方面具有强大的娱乐性，另一方面它与其他民俗活动一样常常伴随其他民俗事象出现，缺乏独立性。也就是说，无论音乐、舞蹈、美术、竞技、游戏等，在大多数情况下，不是独立开展的一项活动，而是附属于其他民俗事象之中的。这样，我们在进行民俗学研究时，必须将民间游艺与其相应的民俗事象联系起来，才能认清它的作用和意义。① 因此，在本研究中不仅涉及苗族体育的内容，而且将涉及与体育密切相关内容，或者说是在一定意义上来说可以看成是体育的活动内容，如苗族的舞蹈、斗牛、斗鸡、斗狗等民俗娱乐活动项目的考察，当然，不管怎么区分，研究将从体育的视角或观点出发来看待这些内容。

从人类学、民族学、文化学的视角来看，体育作为一种文化事象，不仅涉及其物质形态层面和制度行为层面的历史原始资料记载，而且其精神层面和思想层面也将是重要的核心内容。因此，本研究根据文化结构的划分，结合台江县苗族体育的实践发展状况，采用文化"三元结构"的划分方法，把台江县苗族体育按精神思想层面、制度行为层面和物质形态层面进行划分，分析、讨论台江县苗族体育的变迁、互动与交融过程。见图 3-1。②③④⑤⑥

(一)体育核心层次

体育的核心层次，是指体育的精神思想层面，它包括体育的精神追求，体育的价值取向、体育态度、体育情感，生命观、健康观、体育审美观、体育道德伦理等精神和思想层面的内容。它在体育结构的三个层面中处于核心地位和支配地位，对人们参与体育行为，接受和学习体育理论知识具有最深刻的影响，这一层次具有强力的制约作用，支配着人们的体育思想和体育行为。

(二)体育中间层次

体育的中间层次，是指体育制度行为层面，它主要包括体育的组织机构、

① 陶立璠．民俗学[M]．北京：学苑出版社，2003：354.
② 《体育史》教材编写组．体育史(第二版)[M]．北京：高等教育出版社，1996：1.
③ 赵浅华，关文明．《体育史学习指导》[M]．北京：科学出版社，1999：2.
④ 乔克勤，关文明．中国体育思想史[M]．兰州：甘肃民族出版社，1993：序 1.
⑤ 方征．少数民族传统体育学概论[M]．北京：中央民族大学出版社，2009：194—195.
⑥ 童昭刚，孙麒麟等．人文体育——体育演绎的文化[M]．北京：中国海关出版社，2002：93—96.

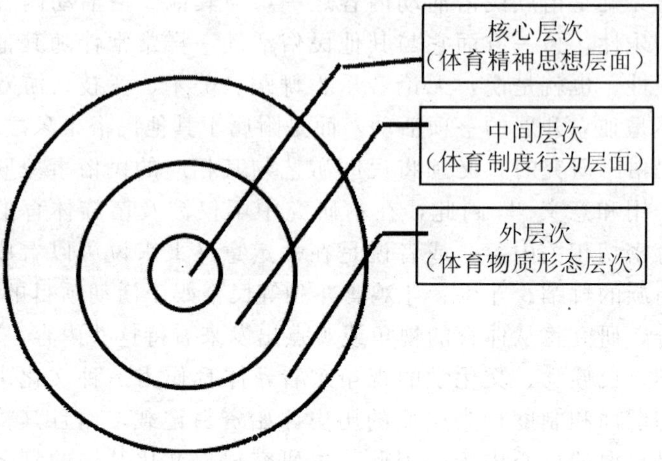

图 3-1 体育文化结构图

制度、典章、法律、法规、条例；体育传统、风俗、节日、活动时间、体育习惯法则、体育活动中的禁忌、仪式、活动规范；体育习惯、体育行为方式；体育知识、理论、方法、技术；体育项目、内容等各个方面。

（三）体育外层次

体育的外层次，是指体育物质形态层面，它包括体育的场地、器材、设施，体育参与的地理、生态环境以及经过体育锻炼的自然的人等各种物质表象。

在体育的文化结构中，物质形态层面居于最外层次，是一种看得见、摸得着，可以感知的实体形式，它是人们体育智慧和才能的载体，是其核心层次和中间层次的物质表现。体育的制度行为层面承载着核心层面的内涵和精神，是核心层面的反映形式，并且与物质形态层面相结合，并对物质形态层面产生着主要的影响作用。体育的精神思想层面凝聚着一定族群的体育传统、核心精神，它对体育的制度行为层次和物质形态层次起着支配和决定作用，在体育的三个层次中居于核心地位。

第二节 传统自由与政府介入期（1949—1965 年）

一、历史背景

台江原名台拱，地处贵州苗岭腹地，台江苗族先民最早从商、周西迁之后进入台江定居，原有九个氏族，九个宗支，建立了九个鼓社，俗称“九鼓苗”。由于地处深山，台江苗族自迁入之后，在清朝以前并未被人们所发现，台江苗族在两千多年的历史中一直处于自给自足的封闭自然社会形态。台江苗族先民自迁入台江之后，在此披荆斩棘，开辟疆土，建设家园，经过世代繁衍，生齿日盛，其后代多经此向邻近省县迁徙发展。直到雍正五年(1727年)，才被邻近镇远知府发现。当时称其为：“泉甘土沃”；“清水江潆洄宽阔”；苗疆“广袤千里”；苗人于其间“自耕而食、自织而衣”；“人民皆知礼让”；是个美好的“桃花源”社会。① 雍正六年(1728年)清政府降旨招安，雍正十一年(1733年)建厅设置，驻总镇防范，距今仅270多年。到民国二年(1913年)改厅为县，民国三十年(1941年)改名台江县。

台江县自古苗族风情浓郁：“淳朴近古”，人民能歌善舞；传统文化丰富灿烂；苗族先民创造苗族历法；能尝百草，治百病；有九种不同服饰；苗族刺绣银饰做工精美，独具一格。台江苗族在一年四季有不同聚会和民族节日，形式多样，内容丰富。在长期的历史进程中，台江苗族以九个鼓社或血缘、地缘为纽带，形成了完整的社会组织，制定了家规、族规、榔规，形成了他们自己共同遵守的一套乡规民约和社会行为准绳。台江自清朝建厅，虽曾兴办教育，开辟商埠，发展交通等一系列措施，但由于长期战争和军事征伐，长期遭受民族压迫，整个社会发展较为缓慢，直至民国三十年(1941年)，有识之士才开始谋求治县发展，但多数百姓生活还处于饥饿状态。

(一)政治方面

台江县于1949年12月3日解放，成立台江县人民政府，标志着人民政权的建立和政府政权管理的介入。1953年1月，台江县改名为台江苗族自治区，隶属镇远专区，并开始实行民主建政，全县设立乡镇规划管理。到1956年4月，改台江苗族自治区为台江苗族自治县，1956年镇远专区改为黔东南苗族侗族自治州后，根据国家建制条文规定，改台江苗族自治县为台江县。

新中国成立初期，台江县政府主要工作重心在于清除土匪顽劣，完善政府建制，加强政权的巩固和建设。从1950年到1955年，曾经历数次土匪武装反抗人民政权，其间人民社会生活的稳定还未取得完全保障。其后，在全国大整治背景之下开展了轰轰烈烈的“三反”、“五反”运动。1956年台江县正

① 贵州省台江县志编纂委员会．台江县志[M]．贵阳：贵州人民出版社，1994：1.

式更名，开始调整县内区、乡行政区域的划分，把44个乡镇调整为22个乡镇进行管理。从1957年到1959年，由于"左倾"思想的影响，出现了"大跃进"、"浮夸风"现象，并开展贴大字报、漫画和组织批斗会形式，对政府干部进行批斗，使许多政府干部受到迫害，使得政府正常工作一度受到严重干扰。

1954年是体育发展史上极具意义的一年，这一年，国家颁布"准备劳动与卫国"体育制度，鼓励学生为参加社会主义建设和保卫祖国而锻炼。掀起了学校体育发展热潮的开端。1962年，县委开始组织工作队到各地进行社会主义教育运动，在此期间有开始的"清公分、清账目、清财物、清仓库"的四清运动发展到1965年的"清政治、清思想、清组织、清路线"的"四清"运动，对教育的发展也有一定的影响。

在此期间，台江县的政治工作主要着力于完善政府建制，巩固和建设政权，加强人民政治生活的稳定性。其间最为特殊的政治色彩是各种政治运动的开展，据曾经居住县城和乡镇的几位七十多岁老人的回忆，当时的年代是一个政治活动频繁的年代，在他们的记忆中，几乎是"天天有"，"月月有"，并且遍及县城和农村的每一个角落。人民总生活在一个"政治高压"之中，日常社会生活完全是以政治为导向，几乎是一种"政治生活方式"。

(二)经济方面

台江县解放之后，台江党委和政府立即着手领导经济的发展。在新中国成立初期，全县完成减租、退押和土地改革，废除了封建土地所有制，农民分得了土地、房屋、粮油和一些基本的生产工具，人民的劳动积极性得到提高，生活也相应得到了基本改善。在第一个五年发展期(1950—1957年)，政府实施土地改革，使广大农民分得了土地，在一定程度上解决了政府生产资金不足的问题。到1953年底，县内农业生产互助组发展到1834个，参加互助组农户达8035户。在此期间，政府对粮油实行计划收购和计划供销。基本实现农业、手工业和资本主义工商业的三大改造，在第一个五年期间，全面取消非法工商业，实行供销社国家牌价，物价基本平稳，城乡经济得到稳步发展，经济得到全面基本的恢复。到1957年底，全县工业总产值达到78万，农业总产值达962万，社会商品零售总额达306.4万。在第二个五年计划期间(1958—1965年)，由于"左倾"思想的影响，开始了"瞎指挥"、"浮夸风"、"共产风"的"大跃进"，使工业、农业和手工业、商业都遭受巨大损失。再加上1960年和1961年的严重旱灾，农业遭受了解放以来的最大损害。其后，政府调整方针，贯彻《农村人民公社工作(草案)》，实施“按劳取酬，多劳多得”的分配原则，解散公社食堂，恢复农村生产，到1957年年底，全县经济才开始逐步恢复，人民生活才开始好转。

(三)文化方面

台江县自解放开始，县委和县政府严格统一执行各民族一律平等原则，提出尊重民族风俗习惯，消除民族之间隔阂，积极倡导参加各种文化活动。1950年曾选派苗族女青年阿泡等10余人参加西南民族文工团赴京国庆观礼，得到了毛主席、周总理等党和国家领导人的接见。从1953年以后，县机关干部逢年过节都组织举办文艺晚会，从1957年开始，农村普遍开展群众文娱活动。自台江县解放开始，县委、县政府高度重视教育，开始兴建民族中小学，招收民族子弟入学。学校教育中开设各种课程，包括语文、数学、物理、化学、生物、外语、音乐、体育、美术等，在早期开展的课程中，政治课程所占比重较大，根据《中学暂行教学计划草案》规定，中学各年级政治课，列为各科之首。另外课程的一个重要内容是时事教育，宣传国家的总方针、总路线，实施大跃进、人民公社等宣传教育，内容也大多是爱国主义教育或国际主义教育，如黄继光、邱少云、罗盛教等英雄人物事迹教育等。

在这一时期的文化工作主要是社会主义教育为主，与国家政治宣传密切相关，尽管提出尊重民族文化和民族风俗习惯，但是真正得到开展的具体工作并不多，民族文化的发展基本是出于一个自发状况，处于自由期。

二、体育变迁

(一)物质形态层面

在台江县1953年第一次人口统计中，苗族人口占台江县总人口的91.87%[①](包括在进行民族识别的过程中许多瞒报的人数)，是一个苗族人口高度聚居地区。在这一历史时期，其体育活动多是民间传统项目，在这些体育项目当中，一些项目对于场地、器材都没有较高要求，如苗族摔跤、武术、捉小鸡、打鸡脚架、拉网、打游击、躲猫猫、拣子、牛角棋、鸡笼棋等。有一些项

① 卢勋等．中国少数民族现状与发展调查丛书台江县苗族卷[M]．北京：民族出版社，1999：13.

目对于器材的要求较高，场地也因地制宜，如划龙舟[①]、舞龙、舞狮等。如独木龙舟主要盛行于台江清水江沿岸的施洞、老屯、塘龙、巴拉河、榕山、五河苗寨等地，据笔者调查，在解放初期，台江清水江沿岸以村寨为单位，几乎每个村寨都有1～2条龙船，到1962年，清水江龙船比赛曾经出现28只龙舟；[②]舞龙、舞狮，主要盛行于城关、城郊、施洞、革东等汉苗诸寨，在解放初期，以村寨为单位，每个村寨至少有1条舞龙、舞狮。还有一些项目对于器材要求一般，场地因地制宜，如赛马、射弩、踩芦笙、踩鼓等，这类项目主要是以家庭为单位，为民间自制和保存。

学校教育是传播体育和开展体育活动的另外一条重要途径，台江解放初期，县委、县政府大力发展教育事业，在学校体育当中开展的体育活动，但其项目主要是西方体育项目。西方体育项目对于场地器材具有一定的要求，为了发展学校体育，县委、县政府专门组织、投资兴建了一些体育场地和购置了相应器材。台江县解放初始，在全县已有篮球场9个，1952年将县大操场改成"台江县人民体育场"，1953年把原来的练兵场修改成两个篮球场(其中有简易看台的灯光球场1个)，256米跑道田径场1个，门球场2个。1962年县体委在体育场内设置跳远、跳高、单双杠等场地，并购买铅球、铁饼、标枪等器材。在学校中，根据学校体育开设内容，各中学都配备一些基本、简易的体育场地、器材。今天，在台江初中、萃文小学、革东小学有部分零星体育器材还是民国时期遗留下来的。

苗族传统体育多数产生于日常的生产和生活之中，与苗族人民生产和生活息息相关，体育的物质条件自然离不开他们所生存和生活的环境，有句名言说，人类在自然中获得了生命，又必须在自然中寻找生命的支持。[③] 多数项目的器材和场地是借助日常生活用具和生活的自然环境和地理生态环境。苗族分布较广，但绝大多数喜欢择山而居，人们一般居住于靠山环水、森林植被较好的山区。自然，这些自然环境和条件就成为了苗族人民天然的体育活动场地、器材的来源。台江县位于黔东南自治州苗岭山麓，清水江河畔，自然资源丰富，在1957年的统计中，森林覆盖率为38.3%[④]。台江县水系发达，经过县境有翁密

---

① 苗族独木龙舟，是苗族人民独有的一种传统体育项目，其总长21—24米，由三根独立在整体木材挖空捆绑而成，最大能承载40多人。

② 黄平波．黔东南民族民间传统体育教程[M]．成都：电子科技大学出版社，2009：265.

③ 杨善民、韩锋．文化哲学[M]．济南：山东大学出版社，2002：40.

④ 贵州省台江县志编纂委员会．台江县志[M]．贵阳：贵州人民出版社，1994：376.

河、翁你河、清水江、巴拉河等河流，总长达494.8公里。[①] 作为体育活动物质资源，台江县的自然资源极其丰富而广阔，在日常生产和生活中，一些生产交通工具是他们参加体育、娱乐、游戏活动的物质条件，如赛马、斗牛、斗鸡等生活中的马、牛、鸡等。

从总体来看，这一时期台江县苗族体育物质层面的总体特征表现为以下几点：①民族传统体育项目的场地、器材主要沿袭传统所用，在日常生活中逐步增加和补充；②对于民族传统体育项目的场地、器材等物质设施建设而言，苗族传统体育项目多数产生于日常生产和生活中，从其产生的初始就无需特别的要求，许多场地、器材设施在日常生活进行简单自治和因陋就简而创造，而且苗族传统体育的许多项目是借助自然地理和生态环境条件进行开展；③儿童体育的内容基本上以游戏类项目为主，其对于场地器材几乎没有什么要求，儿童体育的场地器材主要借助生活中简易设施，场地主要以利用日常生活中的各种居住环境和天然的自然地理生态环境为主；④政府在体育物质设施上增加经费投入，通过兴建学校和管理学校体育课程内容的实施，购置、建设部分西方体育项目器材、场地，学校内的体育物质场地设施和器材主要以西方项目设施为主，政府几乎不参与民族民间体育项目的场地器材设施的投入和建设。

(二)制度行为层面

台江县苗族体育制度行为层面的变迁主要表现在两个方面，一是民族传统体育，二是西方现代体育。

1. 民族传统体育

台江县自解放以来，民族民间传统体育活动项目基本与解放前一样，其包括：

①成人体育项目：盛行于台江县境内清水江沿岸的施洞、巴拉河、榕山、老屯、塘龙、五河等苗寨的划龙舟；盛行于施洞、良田和四新的赛马；盛行于大红寨、交片等苗寨的射弩；盛行于方召、翁脚一带的抱腰(又称摔跤)；盛行于城关、城郊、施洞、革东一带的舞龙、舞狮；盛行于各苗寨的苗族武术(其中五河村的五合拳、五合棍，以及猫拳、鹰拳、少林拳、少林棍等，在解放初，逢年过节都要在清水江河坝设擂台比武)；盛行于整个台江的跳芦笙，县城附近的板凳舞；盛行于方白的反排木鼓舞，施洞、革东等地的踩鼓等。早期成人体育项目见表3-1。

---

① 卢勋等．中国少数民族现状与发展调查丛书：台江县苗族卷[M]．北京：民族出版社，1999：4.

表 3-1　台江县解放初期民族传统体育项目

项目	时间	地点	目的
划龙舟	农历五月二十四至二十七	施洞、榕山、老屯、塘龙、巴拉河、五河等苗寨	祭祀，祈求风调雨顺
赛马	姊妹节、牛王节	施洞、四新、良田等	竞技、娱乐、求偶
射弩	日常生活	大红寨、交片等	狩猎、竞技、娱乐
摔跤	集会、日常生活	方召、翁脚	竞技、娱乐
舞龙灯	正月初十至十六	城关、城郊、施洞、革东苗、汉寨	娱乐、游戏
舞狮	各种节日	城关、城郊、施洞、革东苗、汉寨	娱乐、游戏
武术	逢年过节、日常生活	五河村等	竞技、防身
踩芦笙	敬桥节、游卯、苗年	方召、翁脚、交下、南宫、红阳、交片、掌福、排羊、台盘等	娱乐
踩鼓	敬桥节、姊妹节	方白、翁脚、革东、施洞、掌福、南刀、登鲁等苗寨	娱乐

从组织管理来看，这些传统体育项目活动的开展没有正规统一的组织机构，一般是由各个苗寨的寨老或者某个“项目权威”发起和组织实施，个别的项目有民间协会组织，如清水江一带的独木龙舟比赛，除了各村寨的“龙头”之外，还专门有民间单独自发组织的龙舟协会。其中各种表演类项目如踩鼓、跳芦笙、舞龙、舞狮等没有统一的规则和技巧，仅以观众个人的评价为标准，其他的竞赛项目以传统的习惯规则和约定俗成的方法进行。

②儿童体育，其主要项目有捉小鸡、打鸡脚架、踢毽子、打游击、“打架”、躲猫猫、打陀螺、洗澡(游泳)、叮当板、拣子、牛角棋、鸡笼棋等。苗寨儿童除了参加自己的体育游戏之外，在各种民俗节日中也会跟随大人参加和学习成人的体育活动项目，如各种节日中的踩鼓、跳芦笙等，儿童参加各种体育活动基本是自由参加和自发组织，主要都是在日常生活中的空余时间参加。

台江县苗族在长期的社会历史发展中，在生产和生活中形成了许多固定的传统和习俗，其中民族传统节日较为丰富，内容多样。多数传统体育活动与民俗节日密切相关，依附于各种民俗节日和节假日当中，是各种民俗节日的重要内容之一，这正是苗族传统体育得以较好传承的一条重要途径。这一历史时期苗族民俗节日和其中的各种活动开展情况见表 3-2。①②

表 3-2 解放初台江县苗族传统主要节日

节日名称	时间(农历)	主要活动内容	主要地点
客家年(汉族新年)	正月初一	斗牛、踩鼓、跳芦笙、走亲戚	台江县各地
敬桥节	二月二	祭祀活动(祭桥)、踩鼓等	台江县境内各地
爬坡节	施洞、二月三方召、九龙等于二、六、七月择期举行	游方、斗牛、赛马等	施洞、方召、九龙等地
姊妹节	三月十五至十七(施洞),二月十五(革东、交下)	捕鱼、游方、踩鼓、跳芦笙等	施洞、交下、革东等地
开秧门	四月末至五月初	踩芦笙、游方、斗牛	台拱、羊排、方召
祭秧节	五月卯日	游方、祭祀	台江县境内各地
龙船节	五月二十四至二十七	赛马、斗牛、踩鼓、游方	施洞、老屯
吃丑节	六月的第一个卯日	赛马、跳芦笙、斗牛、游方	台拱、排羊、台盘等县境各地
吃新节	六月第一个戌日	踩芦笙、斗牛、游方	台拱、南宫等地
吃新节	七月第一个戌日	踩芦笙、斗牛、游方	老屯
牯脏节	十月乙亥日起，共十四天	踩芦笙、斗牛、游方	台江县大部分地区
大苗年	十月第一个卯日	祭祖、走亲戚、斗牛、捕鸟、游方、跳芦笙、踩鼓等	台江县境内各地
小苗年	十一月第一个卯日	斗牛、捕鸟、游方、跳芦笙、踩鼓等	老屯、革一

从总体上来看，在此历史时期，台江县苗族人民的各种体育活动变化呈现几个特征：①各种体育活动的开展主要是由民间机构自行组织开展，各种体育活动基本按照苗族传统习惯开展，遵循约定俗成的规则和方法进行；②各种体

① 全国人民代表大会民族委员会办公室．贵州省：台江县苗族的节日[M]. 1958.

② 《民族问题五种丛书》贵州省编辑组，《中国少数民族社会历史调查资料丛刊》修订编辑委员会．苗族社会历史调查(一)[M]. 北京：民族出版社，2009.

育活动都有大致固定的传统时间，绝大多数都是存在于民俗节日活动中，日常生活中除了少数项目(如各种武术)和儿童体育在开展之外，基本未开展其他传统体育活动；③在1958年至1962年期间，由于“左倾”思想、浮夸风和自然灾害的影响，许多体育活动项目开展较少，在自然灾害严重的两年里，甚至儿童的游戏活动也基本停止，但是一些祭祀性项目(如独木龙舟)照常开展。

2. 西方体育项目

台江县解放之后，开始大力兴办教育，兴建学校，1950年，根据教育部《中学暂行教学计划(草案)》和《中等学校暂行校历(草案)》规定，1954年教育部颁布《试行小学(四、二制)教学计划(草案)》，1963年颁布《全日制小学暂行工作条例(草案)》，在学校中开设体育课，体育课为每周2节。台江县学校教育中体育课主要是西方体育项目内容，包括篮球、排球、乒乓球、田径、体操等。1950年，根据毛主席指示：“学校要健康第一，学习第二”的精神，强调加强和健全体育课的开展与实施，从1954年开始，每天开展早操和课外体育活动，并在1956年，专门组织教师学习《中学体育教学大纲》和《中学体育教材内容》。1954年，国家颁布“劳卫制”，鼓励学生为参加社会主义建设和保卫祖国而锻炼，为学校体育的发展奠定了一个新的政策基础。在1958年“大跃进”的影响下，出现了劳动即体育的错误认识和指导思想，到1966年，又把体育课改成军体课，进行野营练习和学军活动。在小学统一开展田径、体操和球类项目，到1966年又开始改为军事体育课，学习体操和军事内容。

从台江学校体育的总体情况来看，主要是根据国家教育部的要求，开设相关体育课程内容。根据对几位老人的访谈了解到，当时的体育课中没有任何民族传统体育项目的内容，全部是按照学校教学大纲要求上课，而这些内容中很多课程由于没有器材而只有重复部分教学内容。

解放后，台江县政府开始逐渐推行西方体育运动项目，1957年，台江县举行第一届农民运动会，其内容主要有篮球、田径、举重、摔跤等。在西方体育项目中，值得一提的是台江县篮球运动的开展，台江篮球于1936年传入，在解放前曾多次举办篮球比赛。解放后，在县委、政府机关、厂矿和学校，为了响应毛主席“发展体育运动，增强人民体质”号召，也多次组织篮球比赛，并在1964年举办第二届职工篮球运动会，到1965年的第二届农民运动会止，全县已有篮球队21支，篮球运动员384人，使篮球项目逐渐在台江县生根发芽，逐步得到认可。另外，台江县多次参加全国和全省竞技体育比赛，并获得了较好名次和成绩，其中包括马拉松、摔跤、拳击、举重等各种竞技体育项目，具体见表 3-3、表 3-4。

表 3-3　1949—1965 年参加国家级体育运动会成绩表

姓　名	运动会名称	时间	地点	参加项目	成绩
李应明	北京国际马拉松赛	1958.11	北京	马拉松	第 14 名
伍政淑	全国少年田径分区赛	1959.5	遵义	400 米 800 米	第 3 名 第 4 名

表 3-4　1949—1965 年参加省级体育运动会成绩表

姓名	运动会名称	时间	地点	参加项目	成绩
杨通玉	贵州省军区运动会	1958.2	贵阳	65 公斤级摔跤	第 1 名
李应明	全省首届马拉松赛	1958.10	贵阳	马拉松	第 1 名
欧德超	全省拳击、田径运动会	1959.5	贵阳	轻量级拳击	第 1 名
王文林	全省拳击、田径运动会	1959.5	贵阳	最轻量级拳击	第 1 名
张世球	全省拳击、田径运动会	1959.6	安顺	中量级拳击	第 1 名
张世球	全省优秀运动员举重测验	1959.7	贵阳	中量级拳击	挺举第 1 名，抓举第 1 名，推举第 1 名(均破省纪录)
吕子刚	不详	1959	贵阳	射箭	第 1 名
李正荣	全省马拉松赛	1960.5	遵义	马拉松	第 3 名
蔡定文	全省田径运动会	1960.9	贵阳	马拉松	第 1 名
欧绍钧	全省田径运动会	1960.9	贵阳	5000 米	第 2 名
王文成		1960.9	贵阳	摔跤	第 1 名
欧德超	全省田径运动会	1960.9	贵阳	重量级拳击	挺举第 1 名，抓举第 1 名，推举第 1 名

从台江县苗族体育制度行为层面的总体特征来看，主要呈现以下几个特征：①苗族民间传统体育活动的按照传统方式开展，其开展的形式主要是民间自发组织，大部分是在固定的传统时间和民俗节日之中开展，各种民族体育活动按照民间习俗、习惯和传统约定俗成的规则和方法进行；②在此时期，西方体育项目通过政府行为的介入开始逐渐进入到台江县苗族人们的社会生活中，主要

通过学校体育、政府举办各种运动会，由政府组织参加各种竞技训练、比赛三种方式开始传播和发展；③有固定和统一组织的西方体育活动项目在此期间并未对苗族民间体育项目产生冲击和影响，二者独立形成各自体系。

(三)精神思想层面

从历史来看，台江县苗族是一个相对封闭的族群，受到外来文化的影响较小，其苗族原生态的文化保持相对较好。在台江县苗族迁入之前属于典型的苗族文化，在进入台江之后又较少受到外来文化影响，在自给自足的历史环境中创造和保持了具有自己特色的苗族文化，特别是在精神思想层面，这些都深深植入了苗族的体育文化当中。

苗族的多数体育活动都依存于民俗节日当中，以独立形态存在的较少(苗族武术既是一种独立形态，又依托于各种节日和民俗活动)。从已有的调查资料来看，台江县苗族的宗教、祭祀活动的主要目的是求除病平安，而对于祈求丰收和不出现“怪现象”等仅属于宗教祭祀的附带“礼品”。[①] 苗族传统体育的主要目的有宗教祭祀、民族信仰、生产和生活娱乐等几类。苗族民俗节日中的各种娱乐活动多与节庆密切相关，古老原始的节日则多与人们的原始信仰相关，苗族人民在长期的社会历史当中，创造了许多方法和手段，他们开展跳舞、唱歌、跳芦笙、游方、舞龙、耍狮等各种体育和娱乐活动，主要是为了娱乐苗族的“神灵”，追求人与宇宙、人与自然的和谐，另外一个重要的目的则是加强交流、促进团结，甚至方便青年人之间择偶和对于爱情的追求。[②]

笔者在实地调查中，通过对10余位老人的访谈了解到，台江苗族传统体育从精神思想层面来看与解放前的传统精神追求相似，变化并不明显。从总体上考察，台江苗族传统体育在这一阶段主要表现为以下几个特征：①祭祀类的体育项目追求对于神灵、祖先和自然的崇拜，祭祀的功能表现明显，其目的是为了娱神、娱祖、娱物；②娱乐类的体育项目追求的是一种人与宇宙、人与自然的融合，是为了得到身心的愉悦，而更多成分在于一种心理娱乐追求，但几乎没有任何身体娱乐意识在内；③台江县苗族参加的多数娱乐类体育项目的另一个目的是增加交流，促进亲戚朋友之间的情感交融，加大族群意识，提升民族认同和增强族群团结和凝聚力；④苗族体育中没有体育与健身的意识，人们参

---

① 全国人民代表大会民族委员会．贵州省台江苗族的宗教迷信：苗族调查材料之二[M]．北京：全国人民代表大会民族委员会，1958：2.

② 潘光华．中国苗族风情[M]．贵阳：贵州民族出版社，1990：前言5.

加各种体育活动并不是要获得健康长寿，体育仅是出于祭祀活动的需要以及在生活中作为一种玩耍的手段。

另外，笔者通过访谈了解到，对于非苗族传统体育项目(西方项目)，在老百姓的日常生活中并不普及，了解也不多，老百姓更多是把其作为一种新鲜的事物看待，作为一种观赏的娱乐方式，他们更多需要了解的是台江的运动员参加比赛是否获奖，是否为台江人争得"面子"或荣誉。

三、影响因素

从总体来看，台江苗族传统体育呈现传统、自然发展的状态，在这一历史阶段，台江县苗族传统体育与解放之前的变化并不太大。从历史来看，台江苗族迁入在历史上已有两千多年，在两千多年中，台江县苗族处于一个相当封闭的自给自足的社会状态，而外界的介入仅 270 年左右，加之台江县 90%以上的人口为苗族，导致台江苗族传统体育并未遭受外来文化的冲击，其传统和习惯约束力量较为强大，不易受外来文化的冲击。台江县解放之初，社会并不稳定，政府的主要工作重心在于稳定、巩固和建设政权，政府对于民族民间体育的发展关注并不多。但是，尽管在那个政治运动和政治活动频繁的年代，甚至是社会生活水平极低的历史阶段，台江县的苗族传统体育自身同样具有强大的生命力和生存空间。

解放后，国家高度重视体育和民族工作，从国家政策支持来看，1949 年的《中国人民政治协商会议共同纲领》指出："我国各少数民族均有保持或改革其风俗习惯及宗教信仰的自由"。1954 年宪法"总纲"规定，"各民族都有保持或者改革自己的风俗习惯的自由"。在 1949 年政治协商会议制度的《共同纲领》中明确提出："提倡国民体育"，1952 年毛泽东提出"发展体育运动，增强体质"的指示，1954 年，中共中央关于加强人民体育运动工作的指示明确指出"改善人民健康状况，增强人民体质，是党的一项重要政治任务"[①]。全国体育工作关于"准备劳动与卫国"体育制度的颁布，是全国各地把学校体育纳入一个新的政治任务和认识中，在此大背景之下，台江县委县政府高度重视体育工作的开展，由于认识和理解的偏差，仅仅把着力点放入了学校体育和竞技体育之上。学校是体育传播和开展的一个重要途径，根据教育部在 1950 年颁布的《中学暂行教学计划(草案)》和《中等学校暂行校历(草案)》，1954 年教育部颁布的《试行小学

① 中共中央关于加强人民体育运动工作的指示．中华人民共和国体育运动文件选编[M]. 1957.

(四、二制)教学计划(草案)》,1963年颁布的《全日制小学暂行工作条例(草案)》,台江县的学校发展几乎是完全按照国家教育大纲和教学计划执行。当然,在当时的历史时期不可能会出现独立的教学计划或教学大纲,这是与当时的历史环境相符的。政府在学校体育当中推行西方体育项目,在较短的时间内,由于台江苗族有自己的文化习惯以及苗族文化传统本身所具有的强大的约束力和凝聚力,加之西方项目对于场地、器材的特殊要求,尽管政府的主导力量具有强力作用,西方体育项目也已经开始进入苗族体育的内容之中,但鉴于当时的特殊历史背景和历史原因,台江县的苗族传统体育还是稳稳占据了主流地位,而西方体育在当时并未对民族体育造成影响。

需要指出的是台江县篮球运动的开展状况较为特殊,解放初期,全国掀起了民兵大训练的热潮,全国各地均实施民兵大操练,在民兵操练中,篮球作为一项重要的民兵体育活动在各地相继推广实施,因而,对篮球而言,不管是场地、器材和各种比赛都逐渐在台江县开始推广。

第三节　曲折发展时期(1966—1976年)

一、历史背景

(一)政治方面

1966～1976年是新中国建立以来社会历史发展中遭受损失和创伤最为严重的十年,它波及了我国社会发展的各个领域和各个方面。台江县从1962年开始的"清公分、清账目、清财物、清仓库"的四清运动发展到1965年的"清政治、清思想、清组织、清路线"的"四清"运动。其间把许多群众性、娱乐性体育项目划分为"封建迷信"活动,特别是许多少数民族文化活动,包括许多苗族传统体育。

"文化大革命"开始后,体育也卷入了这场政治斗争,体育界许多行政官员和教练员、运动员遭受迫害,各项体育工作几乎停止,大批场地器材闲置受到严重破坏。1967年1月,贵州省体育委员会党委和行政机构权力被"造反派"篡夺,同年6月被军事接管,体委领导和各级教练员、运动员均不同程度受到迫害和打击,许多被调离体育系统。据资料显示,1968年10月,黔东南州体委机关仅保留 1 人。[①] 1966 年开始的全国范围的破四旧运动，对于民族传统文化造成了巨大损失。1969 年全国又开展了轰轰烈烈的知识青年下乡活动，在政治上广泛宣传毛泽东的革命体育路线，带动当地青年参加体育活动，一大批知识青年来到农村，这在客观上为农村群众体育的发展注入了一些新的内容。"文化大革命"期间，台江县学校被迫停课，工厂被迫停工，农业停产，群众都参与到各种批斗大会和各种形式的"革命"之中，它对社会影响范围之广，影响程度之深是前所未有的。

(二)经济方面

在"文化大革命"期间，由于轰轰烈烈的运动，许多工厂停工，农业停产，对台江县的整个经济造成了巨大影响。1966 年到 1975 年是台江县第三和第四个五年计划时期。在"文化大革命"初期，农业生产处于自发时期，其后又偏重于政治，出现平均主义，实行大集市，使农民副业无法开展，整个城市和农村经济陷入了严重的困境。1970 年起实行政治公分，取消按劳分配原则，正当的家庭副业被当做"发展资本主义"行为受到批判，社会经济受到严重阻碍。在第四个五年计划期间，全县展开大规模建设，推广科学种田，兴建水库，加大工业、农林水气和商饮服务业的投资，经济略有复苏。但在 1968 年革东公社遭受火灾，损失严重，在 1970 年全台江县遭受了百年罕见特大洪水，27 个公社，10826 户受灾，对全县经济造成巨大损失。[②]"文化大革命"期间，台江县城乡经济受到严重冲击，人民生活极度贫困。据一些老人回忆，许多农民甚至无钱购买基本生活用品，如盐、火柴等，人民生活水平降低到了一个很低线。

(三)文化方面

在十年"文化大革命"期间，由于政治活动对经济、思想等方面的影响，文化的发展较为缓慢，其中对体育的影响莫过于 1966 年开始了全国范围的"破除旧思想"、"破除旧文化"、"破除旧风俗"、"破除旧习惯"破四旧运动，在此背景之下，许多民族民间传统体育活动被视为封建迷信的产物而被停止，而且破四旧的运动中还导致了许多民族民间传统体育项目的器材和场地遭到破坏。"文革"期间，学生开始组织全国"串连"，停课闹革命，学生多数停课，学校教育受

① 袁伟民、李志坚．中华人民共和国体育史(地方卷 1949—1999)[M]．北京：中国书籍出版社，2002：641．

② 贵州省台江县志编纂委员会．台江县志[M]．贵阳：贵州人民出版社，1994：310．

到严重影响。

二、体育变迁

(一)物质形态层面

在“文化大革命”期间，由于受全国政治形势的影响，体育活动受到严重冲击，台江县多数体育活动被迫停止，对体育的物质设施影响极大。特别是1965年的“四清”运动到1966年的“破四旧”运动，对台江县的少数民族传统体育的物质设备造成了巨大影响，许多民族民间传统体育被界定为封建残余迷信活动，其活动的器材、场地遭到巨大破坏，施洞镇许多村寨的龙舟被毁坏，如巴拉河村的现在的一条龙舟在当时就被“破四旧”毁掉了龙头，十分可惜。另外，据许多老人回忆，由于长时间没有参与各种体育活动，许多器材废弃不用，一般损坏后都未加修缮，导致许多传统体育器材、场地在此期间损失极为严重。在此期间，由于体育活动较少，许多场地被损坏和被占用的情况较为严重，如1974年在县广播站修职工宿舍，占县体育场400平方米，并将原来的双竿、爬竿跳高架等损坏。值得一提的是，体育场地也有一定的建设，如1969年县财政拨款修建了能容纳3000余人的灯光水泥篮球场。在学校中，由于“停课闹革命”，学校各种设施遭到破坏，许多体育器材、设施无人管理，损坏、丢失现象十分严重。

从总体上看，“文化大革命”期间台江苗族体育的物质形态层面的变化主要表现在：①学校和许多公共体育场地被随意占用和损坏，多数器材长期废弃不用，丢失和损坏极为严重；②许多祭祀性传统体育器材被界定为封建迷信的载体，被人为损坏，一些民族民间娱乐体育器材长期闲置，丢失和损坏较多，且多数未进行修缮；③体育地理生态环境物质设施破坏不大，基本未造成损失。

(二)制度行为层面

“文化大革命”前期，台江县苗族传统体育呈现出一种自发组织的形态，到“文化大革命”期间，由于政治运动，多数民俗活动节日逐步停止，各种民俗活动中的传统体育活动几乎全部被停止，民间的各种组织机构和各种项目组织者也不再组织体育活动，各种组织机构均处于瘫痪状态，仅有的组织机构是政治性组织机构，县体委被军事接管，直到1971年后才逐渐恢复。

1966年，在全国大中小学“停课闹革命”的形式下，台江县学校停止上课，体育及其他所有课程都停止，1967年中共中央、国务院、中央军委、中央文革联发出《关于大、中、小学复课闹革命的通知》，要求学生一边革命一边学习。[①] 台江县于 1969 年陆续开始上课，其间，体育上课内容主要有以前西方体育项目和军事体育项目，如跑、跳、投和队列队形练习等。

从 1970 年以后，台江县群众体育活动逐渐恢复，开展得相对较多，其中开展得最多的是篮球运动，并且在 1970 年建立台江县第一支女子篮球队——革东苗寨女篮，1973 年全省农村体育运动会在台江县革东召开，其内容主要是以西方体育运动项目为主，包括田径、球类等项目。台江县群众体育的第二个重要内容是由 1969 年大批省内外的知识青年下乡所带来的一些西方体育项目，其内容主要有篮球、跑步、拔河、健身练习等，据笔者调查了解到，在台江县多数乡镇都有下乡知识青年，他们除了带来一些西方体育运动项目之外，在不同程度上也传播了许多体育健身和健康知识，甚至还主动组织老百姓参加各种体育运动，这为台江县非苗族传统体育的传播奠定了一定的基础。

从总体上看，台江县苗族体育制度行为层面的变化表现为几个特征：①各种民俗节日活动未能正常开展，民族传统体育活动的组织、机构的工作未能正常开展，多数民族传统体育活动几乎停止；②学校体育活动受到严重影响，恢复以后，学校体育的内容大部分以军事性质的活动内容和西方体育为主；③群众体育活动开展相对较多，内容主要以西方体育内容为主，并开始了解一些健身、健康知识。

革东"苗寨女篮"简介

革东"苗寨女篮"始建于 1970 年，建队初，由于受到许多传统思想观念的影响，举步维艰，后经县体委领导到革东蹲点辅导，得以逐步发展。1972 年《贵州日报》以《为革命锻炼身体》为题介绍了"苗寨女篮"之后，省体委派工作组到台江县调查，1973 年省体委在革东镇召开现场会推广"苗寨女篮"经验，并组织现场参观球赛。"苗寨女篮"第一任队长张先玉一家 8 口都喜欢篮球，她们利用副业收入购买篮球、队服等，组织寨子姐妹们脱掉民族服装，换上运动服到篮球场运动。1985 年，革东"东风苗寨女篮"队长郎胜珍组织 20 多名队员上山砍巴茅秆卖，用所得收入为队员买背心、茶杯、毛巾等作为奖品，自办春节"迎春篮球邀请赛"。

---

① 伍绍祖．中华人民共和国体育史（综合卷 1949—1998）[M]．北京：中国书籍出版社，1999：183.

1974年，“苗寨女篮”参加台江、三穗、镇远、剑河四县边界区民兵篮球运动会，获女子组第一名，1975年、1978年先后两次应邀参加贵州、湖南边区篮球友谊赛。1983年参加台江县农民运动会获第一名，1984年参加黔东南自治州学生篮球赛施秉赛区赛获第二名，1985年参加台江县农民运动会获第一名，1986年7月参加贵州省第二届“丰收杯”农运会获女子组第一名，同年11月参加全国第二届“丰收杯”农运会获“精神文明运动队”奖。该队运动员刘鼎英、张先玉先后出席全国体工会和第三届、第四届全运会，先后受到华国锋、叶剑英、李先念等国家领导人接见，1989年被评为全国先进基础单位，到1990年革东女篮共发展五个梯队，运动员81人。

(三)精神思想层面

在“文化大革命”期间，由于特殊的政治运动和社会变化，台江县苗族体育的核心层次遭受挑战和冲击，对于传统的体育精神层面来说，在遭受冲击、破坏的同时，又为新的发展奠定了基础，可以说利弊兼有。

根据已有资料的分析和笔者实地考察的结果来看，台江县苗族体育精神思想层面的变化主要体现出几个特征：①祭祀性传统体育受到冲击，许多带有宗教色彩的祭祀性传统体育的价值功能开始发生改变，体育活动的祭祀性内涵受到挑战，逐渐开始弱化，但是民族体育的娱乐、“玩耍”的价值取向所受影响不大；②人们开始对西方体育认识和了解，体育与健康关系逐渐被传播、了解，用体育健身，锻炼身体的意识逐渐开始被了解与接受。

三、影响因素

“文化大革命”对于台江苗族体育发展的冲击和破坏极其严重，在那个政治色彩极为浓厚的时代，几乎所有的社会生活都被烙上政治的印迹。台江县苗族体育的发展受到了政治活动的严重干扰和阻碍，在“文化大革命”初期，政治“左右”了体育，几乎让体育失去了“自我”。尽管政府主导和政治力量左右着体育，给体育造成巨大阻碍，但是同时也成就了像革东“苗寨女篮”这样的成功案例。“文化大革命”期间台江苗族体育的得失几乎都“归功于”政府的政治干预和主导行为。

当然，经济和文化对于台江县苗族体育的影响也是至关重要的，人们整体生活水平低下，基本生活保障都无法得到满足，甚至连吃饭都成问题时，哪里能谈得上娱乐与玩耍。笔者在实地调查的过程中了解到，在“文化大革命”期间，大多数的人都去“闹革命”，工人停工，农民停产，整个社会几乎停止发展了，社会物质资源极度匮乏，再加上几次大的自然灾害，整个台江县经济陷入了一个严重低下状态，人民生活极度贫困，许多农村地区的人几乎吃不上一顿饱饭，连做事都没有力气，哪里还会有精力和心情“娱乐”和“玩耍”。

观念和认识的错误会给行为造成决定性的影响，当人们不加分析地随意对待一种民族文化，把精华文化和糟粕文化不加区别地随意丢弃和毁坏时，这可能给这种文化带来巨大的伤害。少数民族传统体育形式多样，内容丰富，而当中有许多项目我们可能一时无法判定其价值，无法分辨其为“精华文化”还是“糟粕文化”时，我们应该以一种对其负责的态度，把其纳入抢救和保护的视野，断不能因任何理由加以拒绝。[①] 在“文化大革命”期间，后“四清”和“破四旧”中的一些错误的认识和观点，严重破坏了台江县苗族体育的发展。在调查中得知，施洞镇苗族的独木龙舟当时由于“破四旧”的错误界定，遭到损坏。独木龙舟的制作材料原本是由完整的树木所制，由于其长度可达 20 多米，因此对于树木的要求极高，这种大树极为难寻，树木价值也较高。一些村寨的独木龙舟全是由一根完整树木做成，而且其能保存较长时间，现在施洞镇还有 2 只独木龙舟是明清时制造的。在“破四旧”中，许多龙舟被损坏，如巴拉河村的龙舟被锯断，现在由于大树难寻，已经无法再做完整的龙舟，许多龙舟是由多块树木黏合而成，失去了其完整性。

第四节　互动与恢复期(1977—1998 年)

一、背　景

(一)政治方面

1977 年，对我国社会发展影响最为深刻的“文化大革命”结束，党和国家各个方面的事业开始得到恢复，国家开始在各个领域实施“拨乱反正”评定冤假错案，逐步恢复各个领域正常工作。1978 年，党中央国务院召开在我国历史上具有划时代意义的十一届三中全会，揭开了改革开放的历史序幕，中国开始了新时期的伟大革命，国家开始着重于解放生产力和发展生产力，开始实现国家现

① 白晋湘．少数民族传统体育项目及其文化编目的价值与方法[J]．体育学刊，2008，15(9)：99.

代化建设目标，建设和发展有中国特色的社会主义。这一重大变革，极大调动了全国各行各业的积极性和创造性，在短短的一二十年里，国家实现了计划经济向市场经济的转变，实现了半封闭向全方位的开放。①

在党和国家的政策引领下，台江县各个方面得以逐步恢复和迅速发展，整个社会发展速度日益加快。1978 年召开了全国体育工作会议，实施拨乱反正，使各级体委重新开始行使管理职能。1984 年，中共中央颁布《关于进一步发展体育运动的通知》明确提出发展体育强国的目标。② 1986 年国家体委颁布了《关于体育体制改革的决定(草案)》。开始实施体育体制的改革，1993 年国家体委颁布《关于深化体育改革的意见》，其中指出要逐步建立符合现代体育运动发展规律、由国家调控、依托社会、自我发展、充满生机与活力的体育体制和良性循环的运行机制。③ 1995 年，国家颁布了《全民健身计划纲要》，标志着我国体育事业发展进入了一个新的发展时期，特别是由竞技体育向群众体育的转变，给台江县苗族体育的发展带来了一个新的发展契机。

(二)经济方面

"文化大革命"结束之后，全国实施改革开放，各项事业逐步走上正轨，特别是在十一届三中全会以后，正确贯彻国家"调整、改革、整顿、提高"的方针，实施"对外开放，对内搞活"的政策，在农村实现了生产经营承包责任制，农民的生产积极性得到巨大提高。随着经济体制改革的发展，"改革、开放"政策进一步落实，台江县的工、农、商等各个行业取得巨大发展，城乡经济发生了质的变化，人们生活水平大幅提高，全县基本实现了由贫困向温饱的转变。

(三)文化方面

改革开放近二十年里，我国社会主义事业实现"解放思想、实事求是"、"实践是检验真理的唯一标准"和"三个有利于标准"共三次指导思想的飞跃，④ 体育事业获得了良好的发展氛围。许多传统体育项目开始得到恢复，不再被当做"封

---

① 蒋伟翔、曹雷．改革开放是决定当代中国命运的关键抉择[J]．南京政治学院学报，2007，23(6)：14.

② 中共中央．关于进一步发展体育运动的通知，1984.

③ 国家体育委员会．关于深化体育改革的意见，1993.

④ 董雅丽．改革开放 20 年思想解放运动的三次飞跃[J]．兰州大学学报(社会科学版)，1999，27(1)：20—23.

建迷信”的产物而被限制，而且少数民族传统体育作为祖国优秀文化知识宝库的重要组成部分，受到了党和国家的高度重视。台江县作为少数民族地区，民族传统体育得到恢复和进一步的发展，出现了民族体育和其他体育项目共同发展的良好协调局面。

二、变　迁

(一)物质形态层面

苗族体育主要起源于苗族宗教祭祀和苗族日常的生产生活，因此他们的许多传统体育场地器材都来自日常的生产生活，对于生产和制造的条件要求绝大多数要求不高。由于“文化大革命”期间的“破四旧”，把许多体育活动项目作为封建迷信活动对待，导致了许多场地、器材遭到严重破坏，丢失和损坏较多。在改革开放之后，党和国家实行“解放思想，实事求是”的指导思想，正确对待各种民族文化，台江县苗族传统体育得到了应有的重视和发展。

在20世纪80年代初，随着各种民族民间体育活动项目开始开展，各种传统体育的器材和场地开始修缮和生产。尽管台江县体育场地、器材设施逐步得到了投入和改善，但是还存在一些遗留问题，一些体育场仍被占用，如1987年，台江县体育场被私人建房占用的300平方米仍然没解决处理。

对于场地的修建主要是政府行为，如1978年和1988年，台江县民委两次拨款，在塘龙修建龙舟看台1座，以供观赏龙舟比赛。另外，由于台江县苗族传统体育项目的场地多与生产生活相结合，政府在城市建设中，结合了民族传统体育项目，修建了人们社会生活中各种文化、体育综合娱乐场地。在此期间，台江县政府进一步加大了西方体育项目场地建设，1984年，全县158个乡已建简易篮球场293个，① 1989年，县财政拨款2万元，在体育场内修建了204米的5道田径运动场，两个门球场、一个少儿足球场。② 对于苗族传统体育的各种器材，各地主要是以民间自制、家庭自建、村寨共建和社区共建等形式逐步建设，其中小的、造价低的体育器材场地主要有居民自建和村寨、社区共同建设，如芦笙、各种鼓、武术器材、儿童体育器材等；各种大型、价格较高的以村寨和社区形式共同建设，如龙舟、舞龙、舞狮等，政府在其中投入甚少。

---

① 袁伟民、李志坚．中华人民共和国体育史(地方卷1949—1999)[M]．北京：中国书籍出版社，2002：653.

② 贵州省台江县志编纂委员会．台江县志[M]．贵阳：贵州人民出版社，1994：680.

在此阶段，政府进一步加大了学校体育场地、器材设施的投入，中小学体育场地、器材主要以篮球、排球、足球、田径、体操等西方项目设置，在学校中缺乏传统民族民间体育项目场地、器材设施。

从总体变化特征来看，在此阶段，台江县苗族传统体育物质形态变化主要有以下几个特征：①民族民间传统体育场地、器材建设得到逐步恢复，各种传统体育器材、场地主要以民间自制和自建为主，政府投入相对较少，而且投入范围较窄；②各种传统体育的场地主要是借用非传统体育项目场地和社区公共娱乐场地，开始实现资源共享；③政府开始介入民族民间传统体育场地、器材的建设，开始适当引导建设一些民族民间传统体育大型场地设施，包括一些地理生态环境的改造和建设。

（二）制度行为层面

"文化大革命"结束后，党和国家开始各个方面工作的拨乱反正，全面恢复各个领域工作。贵州省各级体育工作机构相继开始恢复和健全，台江县体委在新时期也开始恢复和正常工作。在改革开放之后至20世纪80年代中期，少数民族传统体育工作受到了较大重视，开始了新一期民族传统体育的挖掘和整理，经过一定时间的挖掘和整理，台江县苗族传统体育已经基本恢复到新中国成立初的项目，在传统体育项目内容中，一些与体育项目关系紧密的娱乐活动项目开始进入传统体育项目的领域，如"牛打架"(斗牛)、"鸡打架"(斗鸡)[①②]。但有些项目已经开始逐渐淡出历史舞台，特别是在20世纪90年代中后期，如射弩、赛马、抱跤等。根据笔者实地调查得知，苗族武术虽然还存在，但是练习苗族武术的人越来越少，儿童的传统体育游戏项目在城镇中也逐渐减少，在农村中基本变化不大。贵州省从1982年到1998年，共举行了4届全省少数民族传统体育运动会，极大地带动和刺激了台江县苗族传统体育的发展。在这一时期，随着教育事业的发展，学校体育也进一步发展，台江县各级各类学校进一步抓紧发展学校体育，在学校中，许多现代体育项目得到进一步的推广，如篮球、

---

① 牛打架、鸡打架，在当地把斗牛和斗鸡称为牛打架和鸡打架。苗族的斗牛与西方的斗牛不一样，西方是牛与人斗，苗族斗牛是在人的指挥下牛与牛斗，具有很高的观赏价值和娱乐价值，其中斗牛过程中人的参与也是一个重要内容，从历史学领域的视角来看，苗族斗牛也可以作为体育内容之一。周伟良先生也把斗鸡、斗马等划分为民族传统体育项目。此问题不在本研究范围之内，不去深究，仅从体育的视角进行考察。

② 周伟良．中华民族传统体育概论高级教程[M]．北京：高等教育出版社，2003：304.

足球、排球、乒乓球、羽毛球、田径、体操等，在老百姓的日常生活中除了原本的民族传统体育项目之外，开始出现现代体育项目，特别是篮球，在台江县已经成为一个非常普及的项目，到1984年，全县158个乡有293个篮球场，68支篮球队，[①] 篮球比赛已成为当地民族民俗节日和节假日中的重要活动内容之一。

苗族是一个民俗节日较多的民族，改革开放之后，苗族的节日活动已经开始逐渐恢复，在苗族的各种节日当中，民族传统体育活动是其必不可少的内容，据统计台江县在改革开放之后，已经恢复的传统节日有敬桥节、姊妹节、敬牛节、开秧门节、祭秧节等，见表3-5。与解放初相比，部分祭祀性色彩较浓的民俗节日已经开始退出历史舞台，如开秧门、祭秧节等。在各种民俗传统节日中，除了有苗族传统体育项目的内容之外，一些现代体育项目已经开始出现在民俗节日当中。

表3-5　改革开放后台江县苗族传统主要节日

节日名称	时间(农历)	主要活动内容	主要地点
客家年(汉族新年)	正月初一	斗牛、踩鼓、跳芦笙、走亲戚、篮球赛	台江县各地
祭桥	二月二	踩鼓、跳芦笙	台江县境内各地
姊妹节	三月十五至十七	踩鼓、赛马、斗牛、跳芦笙、篮球赛、舞会	县城、老屯、施洞
敬牛节	四月八	爬山、祭祀	革一、大塘、施洞
龙船节	五月二十五至二十七	划龙船、跳芦笙、游方等	施洞、老屯
吃新节	六月六	游方、斗牛、踩芦笙	台拱、排羊、台盘等县境各地
吃新节	六月第一个戍日	踩芦笙、斗牛、游方	台拱、南宫等地
吃新节	七月第一个戍日	踩芦笙、斗牛、游方	老屯
斗牛节	九月二十七	斗牛、跳芦笙等	施洞良田、革一大塘等
大苗年	十月第一个卯日	捉鱼、踩芦笙、斗牛等	台江县境内各地
小苗年	十一月第一个卯日	捉鱼、踩芦笙、斗牛等	老屯、革一

从总体上来看，这一阶段台江县苗族体育制度行为方面的变化呈现以下几

① 袁伟民、李志坚．中华人民共和国体育史(地方卷1949—1999)[M]．北京：中国书籍出版社，2002：653.

个特征：①少数民族传统体育受到较大重视，管理机构和管理体制逐步健全，民族传统体育事业开始全面复苏，体育项目的挖掘和整理取得了长足进步；②苗族各种传统节日得到恢复，各种民俗节日和节假日中民族传统项目内容逐渐增多，现代体育项目开始进入民俗节日当中，与苗族传统体育共存于各种民俗节日活动之中；③部分传统体育项目在城镇化过程中开始逐渐消失，现代项目开展逐渐增加，传统项目和现代项目开始产生交流和相互影响；④一些与体育娱乐活动关系紧密的文化娱乐项目开始与体育项目交汇，各种民俗活动开始向综合性方向发展和过渡；⑤各种传统体育活动和民俗活动的组织和管理主要靠居民自发，一般以民间组织管理为主，政府未参与。

（三）精神思想层面

“文化大革命”结束后，整个国家政治、经济、文化全面复苏，特别是十一届三中全会之后，改革开放取得了巨大成就，整个社会发生了翻天覆地的变化。台江县苗族体育在社会巨变的大环境中也发生了重要变迁，特别是表现在体育的精神思想层面。第一，人们开始逐渐接纳一些以篮球为典型代表现代体育项目，对于现代体育的健身和娱乐开始认同，逐渐意识到体育的健身和健康功能。笔者在田野调查中了解到，多数人已经开始了解体育的概念，并且认识到各种体育活动除了“好玩”之外，还可以让身体好，不生病。第二，人们从传统的以体育为娱乐的单纯追求开始转变，开始追求以娱乐、社会交往、健身等为目的的综合需求。第三，民族传统体育的宗教祭祀的精神内涵开始遭到挑战，神圣的祭祀需求已经开始弱化；第四，苗族体育中所蕴涵的苗族人民的勇敢顽强，敢于拼搏的精神在新时期发生了改变，其民族拼搏“好斗”的精神已经转嫁和融入一些体育和娱乐活动项目当中，如斗鸡、斗牛等娱乐活动项目。第五，苗族体育，甚至包括一些西方体育，已经开始作为苗族人们交往、聚会、联络感情、增进亲戚、村寨感情和民族情感的一种重要手段和途径。

三、影响因素

台江县苗族体育从改革开放开始，不管是在其精神思想层面、制度行为层面还是物质形态层面，都发生了巨大的变化，其产生巨变的首要和基本原因还是国家政策、方针和路线的正确性。“文化大革命”后国家开始拨乱反正，全面恢复各项工作，国家政治稳定，经济发展，社会进步，特别是解放思想，实事求是，重视民族工作和体育工作，使民族地区社会得到稳步发展，为整个体育发展营造了良好的政治环境和发展契机。

改革开放之后，民族文化不再被视为封建迷信活动，人们的思想禁锢被打开，可以自由大胆开展本民族的各种文化娱乐活动，台江县苗族各种体育活动，包括现代体育活动项目，也成为台江县苗族人民生活中的一种重要精神娱乐活动方式，成为台江县人民社会生活中各种民俗活动和节假日活动中的重要内容。

经济的发展是苗族体育变迁的又一个基本因素，在“文化大革命”前，人们生活水平低下，连基本的衣食住行都难以解决，当然更谈不上体育娱乐活动。笔者在田野调查和实地调查中了解到，由于台江县苗族长期处于封闭的自给自足的社会当中，人们对社会生活和精神生活的要求和追求不高，他们并不太了解外面的世界，多数人容易满足于当前的生活，当他们能解决基本生活所需之后，更多的是追求身体、心理和精神的娱乐，所以他们更愿意把闲暇的时间用于各种各样的文化娱乐活动，加之苗族的许多宗教祭祀、民族信仰和民间习俗在民间的一定范围还存在，还具有强力的维持作用。因此，在台江县的许多地方，尽管经济并不发达，但是各种文化娱乐活动和体育的内容开展相当丰富。

一些现代项目的普及和推广要归功于政府的政策导向作用，其中之一是通过学校教育的途径，逐渐普及西方的许多现代体育项目，而且在此过程中，与项目一起，一些现代体育的健身、健康的知识与之相伴而行，学校体育已成为台江县体育知识的传播最有效的途径。一个政策导向的成功案例是台江县的篮球运动的发展，在政府的主导下，早期的“苗寨女篮”被作为一种政治手段推广到全县，使其在台江县根深蒂固，篮球成为台江县体育活动的不可或缺的重要内容之一，但凡各种节假日活动，基本上都要举行各种形式的篮球比赛。

苗族体育变迁的影响因素除了学校体育的传播途径之外，另外一个重要的途径是人口的流动。第一种主要人口流动的方式是外出打工人员，据笔者调查得知，在台江县相对贫困的村寨，从 20 世纪 80 年代开始，村民陆续开始外出打工。外出打工的人到了经济发达地区，见到了许多新鲜事物，接受了许多新思想和新观点。每年春节当他们返乡团聚时，他们逐渐开始用外面的“眼光”看村里的事情，并会与村里的人们相互交流，逐渐也开始影响“家里”的人，随着外出的人口越来越多，影响的力度也越来越大，人们在不知不觉中对于自己的文化和风俗，包括体育就开始产生了潜移默化的改变。第二种主要人口流动的方式是外来观光、旅游或进行民族文化的研究者的进入。台江县的苗族文化早在解放初期就世界闻名，有最古老的东方情人节——姊妹节，世界独一无二的独木龙舟节，享有世界美誉的东方迪斯科——反排木鼓舞，早在解放初期就已有许多国外友人、港澳台同胞和省内外观光、旅游者和文化学者到台江县旅游、观光和进行文化研究。自改革开放之后，各种观光旅游者和文化研究者的人数逐步增加。他们的到来，带来了各种各样的文化交流，不断地与这些人接触，使当地人也开始了解外面的世界，了解了台江县以外的东西，必然，这种文化和社会生活的互动必将产生一定的影响，只是早期的这种流动人口并不是很多，规模并不很大，所以产生的影响也是有限的。

第五节　交融与快速发展期(1999—2009 年)

一、历史背景

(一)政治方面

1999 年，党中央国务院做出了实施西部大开发的战略决策，提出加快中、西部地区发展，以缩小地区经济差异，增强西部地区经济实力，逐步实现共同发展、共同富裕的原则。11 月，中央经济工作会议做出对西部进行大开发的战略决策。会议提出，要不失时机地实施西部大开发战略，这直接关系到扩大内需，促进经济增长，关系到民族团结、社会稳定和边防巩固，关系到东西部协调发展和最终实现共同富裕的战略目标。要从大局、从战略的高度充分认识实施西部大开发的重大意义，要把西部大开发作为党和国家一项重要的战略任务，摆在更加突出的位置。党和国家给予西部地区的良好政治环境和特殊政策，为台江县营造了良好发展的政治环境，在 10 余年中，使台江县在历史的进程中取得了前所未有的成就。

(二)经济方面

台江县位于“舞阳河山水名胜古迹旅游经济圈”、“雷公山苗族文化原生态旅游经济圈”、“仰阿莎苗侗文化原生态旅游经济圈”、“凯里城市经济圈”“四大经济圈”的中间，随着西部大开发的战略实施，台江县紧抓这一历史机遇，加快开发、建设民族文化、民族风情和民族旅游产业。近几年来台江县借助凯里市现代化城市功能，建设“革一”工业区，借助凯里的苗侗风情旅游和“凯里半小时经济圈”，大力发展经济，成果显著。[①] 在西部大开发的良好契机和发展环境之下，在十余年的发展中，台江县城镇化水平逐渐提高，人民生活水平得到了较大改善，城镇居民大部分经济状况较好，乡村农民生活水平得到了极大改善，全县人民完全解决了温饱问题，开始实现由温饱逐渐向小康社会的过渡和发展。

（三）文化方面

随着西部大开发进程的加快，西部诸省的现代化进程也进一步加快，工业化、城镇化、信息化、全球化、市场化已是中国西部省市的重要特征。同时，随着经济的发展和社会的进步，在现代化进程中，西部诸省也开始面临许多问题与矛盾，经济的发展不等同于社会的发展，我们在享受现代文明带给我们好处的同时，文化也正在遭受严峻的挑战和考验。如果在传统与现代之间、经济发展与文化发展之间处理不恰当，那将会使一些民族在巨大的经济诱惑面前不自觉地丢失自我，丧失自己的精神家园。[②] 在西部经济发展的同时，人们已经开始认识到了民族文化的保护和传承，继承和发扬少数民族文化已成为当前建设小康社会与和谐社会的一项紧迫任务和重要工作。近几年来，台江县以苗族文化为主线，大力打造苗族文化风情、苗族文化旅游品牌，开始对台江县苗族各种文化进行挖掘、整理和推广，再一次掀起了民族文化研究的热潮，营造了良好的民族文化氛围。其中以苗族姊妹节、苗族独木龙舟节为典型代表，吸引了全世界对苗族文化再审视的目光。

但是随着现代化进程的加快和台江县旅游事业的发展，在经济利益的驱动下，民族文化开始出现了文化商品的无节制开发，民族文化旅游的过度开发，使台江县的苗族文化面临着史无前例的挑战。[③] 台江县政府也已逐步意识到了这一问题的严重性，从2003年开始，台江县成立了苗族文化保护委员会和台江县世界遗产申报委员会，2004年开展了各种培训活动，并开始推行苗族文化进入校园活动，由此开始了全县大范围的苗族文化保护和传承工作。

---

① 杨德涛．借助凯里经济强体促进台江跨越发展[J]．当代贵州，2010，(2)：33.

② 李书群．西部大开发中的民族文化保护[J]．理论导刊，2007，(6)：78.

③ 吴一文．苗族文化多样性保护的理论与实践——以台江县为线索[J]．贵州文史丛刊，2004，(1)：64.

二、体育变迁

(一)物质形态层面

随着台江县经济和社会发展，人们的闲暇时间和“余钱”增多，人们对于娱乐和健身的需求也不再“吝啬”，一些经常开展的体育娱乐项目器材也不断增加。笔者在调查中了解到，近几年随着体育项目的增加，各种器材不断增多，其中苗族传统体育器材有：独木龙舟、芦笙、铜鼓、皮鼓、木鼓、舞龙、舞狮、耍龙灯、斗鸡、斗狗、斗牛、斗鸟、陀螺以及各种武术器械等，这些器材中集体项目的器材主要是以村寨或社区为单位保存，个人项目的器材主要以家庭为单位保存；现代体育器材有：篮球、足球、排球、羽毛球、乒乓球、自行车以及各种田径器材等，这些器材主要依托学校，部分器材家庭独自拥有。民族传统体育项目的场地建设不多，2008 年政府修建“台江县人民广场”，是一个集民族传统体育与其他民族文化活动的公共场地，而另外一些少数民族传统体育项目主要依存于一些西方现代体育活动场地(篮球场、足球场等)、学校场地、社区文体活动场地和村寨公共文体活动场地，另外一些传统体育场地主要是利用自然地理和生态环境，如河流、山坡、森林等。

从总体来看，这一时期台江县苗族体育物质形态层面的变化主要有以下几个特征：①民族传统体育场地、器材的总数不断增加，集体性体育项目的器材、场地主要以社区、村寨为单位进行建设；②民族传统体育场地建设一般是以综合性文化娱乐活动场地为主，不以单个项目建设，多数民族传统体育项目的场地与西方现代体育项目场地已经实施资源共享、共用；③政府对于体育场地、器材的投入主要以西方体育项目为主，民族传统体育项目投入和建设极少，民族传统体育场地、器材的建设主要依靠民间自身投入。

(二)制度行为层面

苗族传统体育主要起源于苗族宗教祭祀和日常生产和生活当中，多数是一种自由与自发的行为，其组织机构多数是民间组织，以社区和村寨的形式进行，其规范和习惯主要是通过民族民间的各种节日承载而行，通过各村寨的寨老或者协会开展，政府一般并不介入。如早期施洞的独木龙舟节一般是通过龙舟协会的管理和组织，政府在其中扮演协调配合的作用。从 1998 年开始，台江县政府开始介入一些民俗节日活动的开展和管理，1998 年由县政府组织举办了第一届台江县姊妹节，以后政府相继开始介入一些大型的民俗节日活动，如独木龙舟节、姊妹节、正月十五的舞龙嘘花等活动。

2009年台江姊妹节整体活动方案

一、活动背景

为促进台江旅游业的各项发展，扩大对外宣传，展示台江县各民族的风土人情，提高区域旅游知名度，让世界了解苗疆第一县，了解这块神奇的土地，吸引外来投资，打造东方迪斯科故乡。

借2009年中国·台江苗族姊妹节暨贵州首届徒步穿越南宫森林公园越野环保竞赛活动的举办，联合省内外各大知名旅行社以市场化运营共同推出“人类疲惫心灵的最后家园、自然生态徒步之旅”系列活动，让台江的旅游经济发展壮大，走出国门，再创辉煌。

二、姊妹节简介

台江苗族姊妹节又称“姊妹饭节”，是台江县老屯、施洞一带苗族人民的一个传统节日，每年农历三月十至十七举行。届时苗族青年男女穿上节日的盛装，聚集于台江、杨家、偏寨，欢度这个极富民族特色的传统佳节。台江县域内各支系的苗族过姊妹节的时间不尽相同，大都在正月至三月间。其中最具代表性和影响力的，要数施洞地区的姊妹节。

苗族姊妹节，苗语叫“浓嘎良”，它以苗族青年女子为中心，以邀约情人一起游方对歌、吃姊妹饭、跳芦笙木鼓舞、互赠信物、订立婚约等为主要活动内容。被喻为“藏在花蕊里的节日”，是“最古老的东方情人节”。

三、姊妹节目的

姊妹节是台江县清水江沿岸苗家村寨的传统节日，被誉为“东方情人节”。是苗族抒写多年历史的史话，是姑娘们向往爱情的节日，从古至今都保持着传统的民风民情，是苗族文化的记载。这次主题鲜明地以“东方情人节”作亮点，通过全省的婚介机构及县工会联合来举办千人狂喜台江姊妹节，举行苗族式的婚礼及狂欢“东方情人节”系列活动，打造真正意义上的东方情人节。

南宫森林公园保存有大面积具有较高水源涵养功能的常绿阔叶混交林，园区内森林茂密、河网密布、地质景观、山岳景观、水文景观构筑了南宫自然保护区具有森林韵味的贵州常态地貌旅游资源地，于1997年3月被联合国世界文化保护基金会列为世界最高档次“返璞归真，重返大自然”的东南旅游区。在这得天独厚的原始森林条件下，举办贵州首届徒步穿越南宫森林公园越野竞赛活动的意义极大，靠山吃山，创造森林优势，扩大台江旅游综合品牌。

四、姊妹节意义

以中央提出的扩大内需发展经济、拉动全国各行业的持续发展和在省委、省政府提出的创建旅游文化大省、提升各州市县旅游品牌的精神指导下，台江在总结历届姊妹节的成功举办经验的基础上，对今年的姊妹节活动应作出创新实践性，以全国性重点民族文化品牌推广形式来展现台江风土习俗，用市场化运作来开发运营姊妹节项目，主题以最近旅游消费群体市场，贵阳、四川、重庆、湖南、广西、广东等作为主体，大力进行宣传与推广，将"东方情人节"推向市场，为改变台江的旅游经济作典范。

五、举办时间：2009年4月9日至12日

六、举办地点：贵州省台江县

七、主办单位：中共台江县委
台江县人民政府

八、承办单位：台江县民族民间节日活动协会
贵州天道文化发展有限公司
贵州欧森文化传播有限公司

九、举办形式：政府主导、市场运作

十、组织机构

1. 成立"贵州苗族姊妹节活动协调指导组"，其组成人员如下：

（应相关工作人员要求，在此对组成人员名单不予公布，请谅解。）

2. 下设办事机构

办公室：负责日常事务、上下工作联络、综合监督检查、协调及资金管理，办理其他相关工作。

宣传组：负责节日前后整个宣传的组织协调工作、媒体接待，办理其他相关工作。

招商引资推介活动组：负责整个招商引资项目推介及签字仪式等相关工作。

民间旅游商品展销活动指导组：负责节日期间民间商品展销活动安排指导，负责刺绣博物馆的安排、布置，确保展销定点定时、秩序井然。

民族体育活动组：负责协助搞好徒步穿越南宫森林公园、独木龙舟竞赛演示、红寨村农家生活体验等活动的有关工作，组织斗鸡、斗鸟、斗狗等民族体育活动。

安全保卫组：负责对全县姊妹节活动区域的安全防范、活动现场安全保卫

以及做好交通保畅工作。

食品安全小组：负责对全县涉及姊妹节活动的县城、乡村的食品安全工作指导与检查和“农家乐”检查指导，以及办理其他相关工作。

环境卫生整治组：负责对节日活动区域的环境卫生检查、督促、指导，为节日举办创造卫生整洁的良好环境。

医疗应急保障组：负责对节日期间的医疗应急服务，为节日顺利举行提供保障。

基础设施建设督查组：负责对全县涉及节日旅游活动的基础设施建设进行督促检查工作。

十一、运作方式

争取上级支持，捆绑媒体资源。采用政府主导、市场运作方式，坚持社会效益与经济效益并重的原则开展此次活动。借助活动的开展，扩大台江旅游的知名度，为台江旅游积累良性口碑，拓展“天下苗族第一县”品牌深度。

十二、活动主题：情满台江　喜迎四方

主题阐释：

古有台江姊妹花，东方情人节日大；
郎有情来妹有意，多彩饭团表心意；
南宫森林徒步游，明媚风光四处走；
农家生活真惬意，千人婚礼奇相遇；
山美水美情更美，苗疆处处藏花蕊，
锣鼓震天迎四方，四海宾客游台江，
台江是一个多情的圣地，
台江是一见钟情的地方。

十三、活动内容

1. 载歌载舞迎宾客——千人盛装游演

◆时间：2009年4月9日(上午)

◆地点：县城

(1)通过以台江不同区域服饰作为主题方阵，把婚礼体验、徒步运动员作为特别方阵进行巡展。

(2)由高坡古朴远古方阵、农耕文化、图腾记忆、鼓阵牛角号、原始打击乐、芦笙芒筒、舞龙舞狮、民族服饰、苗锦刺绣、森林精灵、婚礼体验、徒步运动方阵组成。

(3)突破以往的芦笙夹道迎宾仪式，深挖特殊趣味性更原始迎宾大仪式。

2. 姊妹节开幕仪式

◆时间：2009 年 4 月 9 日(上午)

◆地点：秀眉广场

向来宾致欢迎词暨宣布贵州首届环保徒步穿越南宫森林公园越野竞赛开始。

3. 贵州首届环保徒步穿越南宫森林公园越野竞赛活动——《多彩祥云映南宫》

主题诠释：

姊妹节，姊妹饭，多彩的姊妹饭寓意着天下苗族第一县台江旅游事业的发展欣欣向荣，远道而来的游客，好比那多彩祥云，给台江带来希望，给台江带来好运。主打环保绿色户外运动。

◆活动形式

本次活动以苗族民风民俗活动为主，配合媒体宣传推广。活动以“情满台江，喜迎四方”为主题，与“天下苗族第一县”相关的各种元素将贯穿活动始终。并将台江具有代表性的景点，红寨风情、玉龙潭景观、红阳草场风光、百里阔叶林画廊、翁密河漂流等捆绑在活动中，针对各景区特点设置不同形式和内容的活动，最大限度将游客引导至各个景区游览，实现旅游收入最大化。

◆活动内容

本次姊妹节的重头戏之一为将在南宫原始森林公园举行的环保徒步越野竞赛。唤起和强化人们“热爱大自然、保护大自然”突出南宫原始森林公园的旅游优势是本次活动的主旨所在。

本次活动不仅彰显了美丽台江的优质旅游资源，也是对 2009 年贵州省旅游、文化主管部门倡导的“环保旅游”、“生态旅游”主题的最好回应。

◆时间：2009 年 4 月 9 日(上午)启动仪式

◆地点：秀眉广场

◆时间：2009 年 4 月 10 日(上午)竞赛开始

◆地点：南宫原始森林和红阳草场

4. 中国独木龙舟展演及体验活动

◆时间：2009 年 4 月 9 日(下午)

◆地点：县城翁你河

5. 千人踩鼓、跳芦笙展演活动

◆时间：2009 年 4 月 9 日(下午)

◆地点：秀眉广场

6. 大型开幕式经典歌舞展演——《牯藏·鼓》

◆时间：2009 年 4 月 9 日(晚上)

◆地点：秀眉广场

(1)以苗疆艺术团为主体节目展演。

(2)体现以台江神秘的牯藏节记忆发展的各项仪式及风土人情展示。

7. 农家生活体验活动——《五谷丰登农家乐》

◆时间：2009 年 4 月 10 日(上午)

◆地点：红寨

◆活动内容；

①担水；②挤游尖；③扁担；④柴；⑤捞鱼；⑥犁田等

8. 千人苗族式婚礼——《千里姻缘定台江》

时间：2009 年 4 月 10 日(下午)

地点：红寨

9. 千人狂喜东方情人节——《姊妹花开漫台江》

时间：2009 年 4 月 10 日(全天)

地点：红寨

◆活动内容；

①缘分对对碰：每一个人从进场开始随机地抽取自己的缘分号码，然后根据自己的缘分号码去寻找异性的一个同样的缘分号码，进行沟通交流。

②对情歌：男士女士分别选择中意的对象，用歌声表达自己的情意，进行第一轮配对。

③情有独钟：第一轮配对以后，再次进行活动，男士取出钟情卡，赠送给自己心仪的女士。

④送姊妹饭：女士将根据自己的心意将多彩姊妹饭赠送给心仪的男士。

⑤最后配对成功的情侣将免费穿着民俗赞助商的民族服饰合影留恋。

⑥活动中选出一名最佳苗郎，一名最佳苗妹，一对最佳苗县情侣。

10. 千人共聚姊妹宴

时间：2009 年 4 月 10 日至 12 日

地点：红寨

11. 苗族旅游工艺品展销——《姹紫嫣红耀台江》

时间：2009 年 4 月 9 日至 12 日

地点：秀眉广场商贸市场；施洞塘龙

◆活动内容：

民族民间刺绣、剪纸、绘画等展示。

①刺绣成品展示；

②民间绘画剪纸展示；

③民间银饰品展示。

苗族刺绣、银饰品、服装、工艺品拍卖会。

①提升苗族各类艺术品的价值；

②通过拍卖与国内及世界的艺术品市场接轨(作重点推广)。

12.《姊妹情深》文艺晚会暨贵州首届环保徒步穿越南宫森林公园越野竞赛颁奖仪式

时间：2009年4月11日(晚上)

地点：县城秀眉广场

13. 民族传统体育竞技活动

斗鸡、斗鸟，斗狗。

14. 独木龙舟竞渡演示、体验

以老屯、施洞独木龙舟样式为原型制作的两条龙舟在县城翁你河新大桥至风雨桥水面上对游客进行展示，宣传台江龙舟文化和独木龙舟节。竞渡演示完毕后，增加参与性节目，让游客上龙舟体验划龙舟的乐趣，并赋以深刻含义(如划龙舟可以带来好运气等)。

15. 招商引资项目推介

要跳出往年只是搞搞展板的模式，重点围绕南宫森林公园、岩寨水库风景区、台盘革一工业区及我县其他重点项目开展工作。

16. 姊妹节民间传统活动

(1)老屯：(4月10日，农历三月十日)

①拦门酒、踩鼓；

②绘画、剪纸、刺绣、织布、染布、锤布、织锦民间工艺制作演示及展销；

③老庚摸鱼捞虾习俗演示；

④传统姊妹节民俗活动；

⑤篝火踩鼓活动；

⑥其他习俗活动。

(2)施洞：(4月11日至12日，农历三月初十至十七)

①盛装拦门迎宾；

②飞歌伴唱千人踩鼓；

③苗族婚俗演示；

④姊妹花评选；

⑤参观剪纸、刺绣、纺纱、织布、银饰等手工制作演示及展销；

⑥玩陀螺；

⑦清水江之夜(狂欢、踩鼓、飞歌对唱)；

⑧其他习俗活动。

◆活动要求

千人踩鼓活动是老屯、施洞传统活动的重头戏，要采取多种措施鼓励群众积极参与(特别是年轻少女的参与)。在踩鼓活动开始前的时间(一般为中午到下午)内要安排一定的活动内容，避免游客长时间等待。为满足游客的需要，建议将踩鼓时间提前至下午两点开始。

苗族婚俗演示要力争在往年表演的基础上深挖内涵，活动内容要精心组织策划，体现出观赏性、趣味性。表演过程中，服饰和道具都要求真实传统，表演场地的环境须宽敞整洁卫生。

拦门酒主要体现苗族人民的热情好客。由至少20名年轻貌美的姑娘身着盛装列队敬酒，甚至人员更多一点，人多气旺，歌声嘹亮，规模越大越有效果。敬酒时牛角酒宜少用(但必须有)。迎接重要团队、媒体、客人时，可适当放鞭炮、点红点花脸等来添加迎客气氛。要让游客在进入本地的第一时间就感觉到淳朴浓浓的苗乡情、姊妹情。

清水江之夜要充分体现游客的参与性。其节目内容要丰富多彩、娱乐性强，要吸引更多的游客及群众参与。表演中可穿插一些互动节目，如：接对子、认兄弟、认姊妹、赠送姊妹饭、赠送花带、小荷包等。

十四、宣传推广

1. 县内宣传

由姊妹节活动协调指导组负责台江县内整体活动的宣传工作、网络媒体全面宣传，电视每天不低于10次的滚动播出，台江交通要道大出口的户外大型喷绘，主要街道及广场的市政广告区作广告宣传，高速路口至县城作重点装饰宣传。

2. 县外宣传

由天道公司和欧森公司负责联合全国及贵州电视台、广播电台、报刊、信息网络等媒体共同发布系列活动信息，重点推介姊妹节活动，组建具有少数民族特色的媒体组合跟踪团，对台江姊妹节活动进行全程报道和宣传。

“多彩贵州”第二届贵州民族体育旅游节暨第十二届贵州苗族姊妹节活动方案(2010年)

为贯彻落实省委、省政府提出的以宣传、文化、旅游、体育、农业“五位一体”相结合，推动我省旅游业发展的要求，以及全省体育发展大会提出“大力发展贵州山地户外运动，借助我省自然山水资源打造户外运动品牌赛事”的指示精神，更好地推动全民健身运动的开展和体育旅游资源开发，促进地方经济社会发展。经黔东南州人民政府函商省体育局、省民委、省旅游局同意，决定共同举办“多彩贵州”第二届贵州民族体育旅游节暨第十二届贵州苗族姊妹节(以下简称“两节”)。为认真做好“两节”各项筹备工作，特制订本方案。

一、活动名称

“多彩贵州”第二届贵州民族体育旅游节暨第十二届贵州苗族姊妹节

二、活动主题及方式

1. 活动主题：走进多彩黔东南、感受民族原生态气息、回归大自然。

2. 运作方式：政府主导、媒体造势、体育搭台、社会参与、全民健身。

三、举办单位

主办单位：贵州省体育局
贵州省民委
贵州省旅游局
黔东南州人民政府

承办单位：贵州省对外体育交流中心、州体育局、州民委、州旅游局、州文化局、台江县人民政府

协办单位：贵州省国际体育旅游公司，各相关单位(包括冠名商、赞助商、有关活动县市)

四、开闭幕式活动时间及地点

开幕时间：2010年4月27—30日(农历三月十四至三月十七)

地　　点：台江县城及有关乡镇

闭幕时间：2010年11月中旬，雷山县苗年节(鼓藏节)。具体时间另行通知。

五、组织机构

地方组织委员会

六、工作机构

组委会下设办公室，负责协调省、州、县主承办单位相关工作。

为对应台江县承办“两节”的工作机构，组委会办公室设立如下机构以协调指导承办地相关工作机构工作：

1. 综合协调组

2. 新闻宣传协调组

主要职责：协调指导承办地宣传报道组、招商引资推介活动组、环境卫生整治组、民间旅游商品展销活动指导组进行细化活动方案的制订和组织实施，重点指导协调各组织部门做好新闻发布会方案策划和整脏治乱等工作，督促承办地细化新闻宣传工作方案等。

3. 后勤保障协调组

主要职责：协调指导承办地后勤接待组、医疗应急保障组、食品卫生安全组以及其他相关组织做好礼仪、食宿、接待等工作；督促承办地细化相关工作方案。

4. 文艺活动协调组

主要职责：协调指导承办地文艺表演组、摄影大赛组拟定各单项活动细化方案并组织实施，保证开闭幕式等各种大型活动方案的策划工作顺利实施。

5. 体育活动协调组

主要职责：协调指导承办地体育活动组做好各项体育活动方案的制定与实施。

6. 安保协调组

主要职责：协调指导承办地安全保卫组细化安保方案和拟订各项应急预案，督促检查方案的落实。

七、日程安排

4月26日：全天报到。其中参加贵州民族体育旅游节的省直机关户外运动培训班团队须中午12：00前报到，下午开展培训。

4月27日：上午，全体参加“多彩贵州”第二届贵州民族体育旅游节暨第十二届贵州苗族姊妹节开幕式，观看民族风情浓郁的歌舞表演；下午，观看苗族民间服饰专场展演，独木龙舟赛，散打邀请赛，斗牛、斗狗、斗鸡、斗鸟等民族民间比赛，观赏苗族情歌对唱；晚上，观看舞龙嘘花表演，参加篝火晚会。

4月28日：上午，参加全民健身徒步活动的各代表队(省直机关干部团队)集体乘车到台江县红阳村参加环红阳村徒步活动；中午，体验苗族姊妹饭，参加踩鼓舞活动；下午，乘车返回贵阳；专业户外徒步团队穿越雷公山。28日全天，台江县老屯乡传统姊妹节民族民间活动。

4月29日：台江县施洞镇传统姊妹节民族民间活动。

4月30日：全体来宾返程。

八、工作要求

1. 努力加大"两节"的宣传力度，确保更多的人积极踊跃报名参与。

2. 切实做好各项筹备工作，确保"两节"活动安全、稳定、和谐、有序进行。

3. 加强省州县三级相关业务部门的工作沟通和联络，确保信息畅通、指挥便捷、服务高质高效。

4. 全州各市县有关公益性大型文体活动均可申报为"多彩贵州"第二届贵州民族体育旅游节系列活动。

从组织的形式来看，苗族传统体育存在于各种民俗节日当中，台江县苗族在长期发展中，不仅形成了自己的民俗节日，而且许多节日已经与汉族一致，如汉族的春节，过大年、小年等，详见表3-6。台江县苗族体育近几年发生了较大变化，在传统的民俗节日中，逐渐融入了许多西方现代项目，如在近几年的姊妹节中，活动项目除了传统的踩芦笙、踩鼓，以及苗族飞歌、民族风情和民俗活动表演之外，已经开始有了散打、自行车赛、篮球赛、漂流等节目出现，并且在各种节日之间开始相互交错相融，如在姊妹节中有独门龙舟演示，在独木龙舟节中有跳芦笙和踩鼓等活动内容。

表3-6　台江县苗族传统主要节日及体育活动内容

节日名称	时间(农历)	主要活动内容	主要地点
小年	腊月三十	斗牛、踩鼓、跳芦笙、反排木鼓舞、舞狮、篮球赛等	台江县各地
大年	正月十五	斗牛、踩鼓、跳芦笙、反排木鼓舞、舞龙嘘花、舞狮、篮球赛、捕鱼等	台江县各地
祭桥	二月二	踩鼓、跳芦笙、反排木鼓舞等	台江县境内各地
姊妹节	三月十五至十七	踩鼓、斗牛、跳芦笙、篮球赛、舞会、散打、独木龙舟表演、漂流等	县城、老屯、施洞

续表

节日名称	时间(农历)	主要活动内容	主要地点
敬牛节	四月八	爬山、斗牛、踩鼓等	革一、大塘、施洞
龙船节	五月二十五至二十七	划龙船、跳芦笙、游方、斗牛、斗鸟等	施洞、老屯
吃新节	六月六	游方、斗牛、跳芦笙、踩鼓、反排木鼓舞等	台拱、排羊、台盘等县境各地
吃新节	六月第一个戌日	踩芦笙、斗牛、游方等	台拱、南宫等地
吃新节	七月第一个戌日	踩芦笙、斗牛、游方	老屯
斗牛节	九月二十七	斗牛、跳芦笙等	施洞、良田、革一、大塘等
大苗年	十月第一个卯日	捉鱼、踩芦笙、斗牛、踩鼓、反排木鼓舞等	台江县境内各地
小苗年	十一月第一个卯日	捉鱼、踩芦笙、斗牛等	老屯、革一

从参与内容来看，在民俗节日中苗族体育活动项目主要有：独木龙舟、踩鼓、跳芦笙、舞龙、舞狮、斗牛、斗鸡、板凳舞、反排木鼓舞和以前的西方现代项目之外，还增加了斗狗、斗鸟、捕鱼、骑自行车、散打、漂流、徒步等；在学校体育当中，各种西方现代项目逐步增加，而且在台江县一些中小学中已经开设反排木鼓舞、板凳舞、押加、高脚竞速、蹴鞠等项目，见表 3-7。而在日常生活中的体育活动项目，主要以西方现代体育项目为主，如篮球、乒乓球、羽毛球等，以及一些儿童日常生活中的儿童体育游戏项目。

表 3-7　台江县各乡镇中学及部分小学体育课项目调查情况

学校	篮球	足球	乒乓球	羽毛球	跳绳	田径	体操	押加	高脚	板鞋	蹴鞠	反排木鼓舞	芦笙舞	板凳舞
台江民族中学	√	√		√	√	√	√	√	√	√	√	√		
台江二中	√		√		√	√	√		√			√		
台江县城关一小	√		√		√	√	√					√		
台江县城关二小	√				√	√	√					√		

续表

学校	篮球	足球	乒乓球	羽毛球	跳绳	田径	体操	押加	高脚	板鞋	蹴鞠	反排木鼓舞	芦笙舞	板凳舞
台拱小学	√				√	√	√					√		
台江县职校	√		√		√	√	√					√	√	√
施洞中学	√		√		√	√	√					√		
施洞小学	√				√	√	√					√		
方召中学	√				√	√	√					√	√	
方召小学	√				√	√	√					√	√	
南宫中学	√				√	√	√					√	√	
南宫小学	√				√	√	√					√	√	
排羊中学	√				√	√	√					√		
排羊小学	√				√	√	√					√		
革一中学	√	√	√		√	√	√					√		√
革一小学	√				√	√	√					√		√
台盘中学	√		√		√	√	√					√		√
台盘小学	√				√	√	√					√		√
老屯中学	√				√	√	√					√		
老屯小学	√				√	√	√					√		

从总体来看，台江县苗族体育在此阶段的变化主要有以下几个特征：①苗族传统体育项目与现代西方项目开始融合，在各种民俗节日中，两类项目共同存在，互相支撑；②苗族传统体育的组织机构、组织方式和传统习惯总体上并未改变，主要以民族民间的自发组织和民间机构为主，由政府主导部分民俗节日活动，如姊妹节、独木龙舟节；③县城老百姓日常生活中的体育活动多是以西方现代项目为主，乡镇老百姓日常生活中的体育活动较少，民族民间体育活动主要是在民俗节日和节假日中开展；④各种民俗节日中的体育活动内容增多，包括民族传统体育项目和西方现代体育项目；⑤学校体育中主要以西方现代体育项目为主，部分学校开始在学校体育课中开设民族传统体育项目。

(三)精神思想层面

近年来，随着西部大开发进程的加快，台江县的社会开放程度进一步加大，各种外来文化与当地苗族文化进行了大量的互动与交融，对于苗族体育的核心层面产生了巨大的影响。从精神追求方面来看，苗族体育核心层次中以祭祀、祭祖，娱乐神灵、祈求丰收为主导的活动内涵逐渐消失，据调查了解，对于了解祭祀、祭祖仪式和意义的许多老年人来说，他们已经并不在意通过这些活动是否能够达到目的，而仅仅希望年轻人能了解这些习俗和传统。从价值取向来看，苗族体育最核心的追求是娱乐、交往，联络感情，对于多数体育活动而言，甚至包括篮球和其他一些现代体育项目，人们只是渴望于追求它们的“好玩”和“玩耍”的娱乐性，通过这种“玩耍”来与亲戚朋友、“寨子”里的人们进行交往，联络感情；而在此历史阶段，当地人的体育价值观产生了三种主要变化：一是健身、健康的意识和价值观开始普及，特别是在城镇居民当中，他们已经开始具有了参与体育健身与健康的意识，特别是运用一些现代体育项目的方式；二是传统体育的价值观受到经济利益追求的扭曲。从调查中了解到，许多当地居民具有一种通过体育活动的表演(或者说是“演示”)，能吸引外来的游客，能用他们带来“较多”的经济收入，他们可以从中得到实惠，只要能吸引游客，甚至不惜改变一些传统和习惯；三是曾经通过体育活动和各种娱乐活动的年轻人的择偶追求已经几尽消失，尽管节日在各种活动中还有“游方”的内容，但人们已经不再通过“游方”择偶了，游方的目的和意义发生了质的改变，它仅是一种活动和联络感情的形式，是一种展示民族风俗习惯的行为。

三、影响因素

台江县在新中国成立之后的历史进程中，社会发展经历了两个重要时期，一是改革开放头二十年间，人们解决了温饱问题，衣食住行的基本生活和生存所需得到安妥，二是自 1999 年开始的西部大开发的十年，台江县经济迅速发展，人民生活水平逐步提高。近几年来，随着现代化进程加快，在世界范围形成了经济全球化、社会信息化、文化多元化、网络化以及通信化，人们之间的距离近了，生活水平逐步提高，开始追求高质量生活，旅游成为人们社会生活中的重要内容，时代发展的社会背景和特征为台江县苗族体育变迁和发展创造了基本条件。

在社会发展的大背景之下，台江县苗族体育在物质层面、制度行为层面和精神思想层面都发生了较大改变，其产生的原因较多。从社会现代化的过程来看，经济的发展是导致社会物质生活条件改变的关键因素。近几年来，台江县实现了全县的“三通工程”，到村寨一级，全县实现了水、电和有线电视通畅（有线电视有三十多个电视频道），到乡镇和县一级已经实现了网络化，笔者在调查中了解到，乡镇及乡镇以上的单位基本上全部实现了网络通畅，在台江县所有乡镇中，至少有一到两家以上的网吧。据官方统计数据，县城的家庭网络覆盖率达80%以上，电话和手机的普及率按家庭为单位可达95%以上。网络、电视的通畅使社会变得信息化，使得人们可以通过电视和网络了解更多的外面世界，熟知许多自己曾不知的事物，接受更多的新观点和新思维。

人口的流动带动了多元文化的交流，对台江县苗族体育的变迁产生了较大影响。早期外出打工的人们从外面挣得了相对多的钱，甚至有的在外一年打工所挣得的钱是在家做农活几年的收入，特别是在经济相对落后的农村地区，这种经济上的落差使当地人产生了更为强烈的外出打工挣钱的欲望。笔者在各地乡镇村寨的实地调查中了解到，在经济落后的村寨，一般的青壮年男女都在外打工，家里只剩老人和孩子。外出打工者在外面了解和体验了外面的文化，当他们回来时，总习惯将其与家乡进行比较，多种文化在这种潜移默化的比较中进行互动和交融，人们的观点和意识逐渐发生了改变。这些观点、意识毫无疑问地迁移到体育身上，自然也对体育也产生了较大的影响。

旅游事业的发展是导致台江县苗族体育变迁的又一重要因素。台江县从1998年开始打造民族文化旅游，主要以苗族姊妹节和独木龙舟节为主，打造苗族体育旅游和民族风情，并于1998年开始，把苗族姊妹节的举办地点转移到县城。近年来随着旅游事业的发展和政府的各种宣传，越来越多地来自世界各地和省内外友人与民族文化研究者来到台江县，各种文化在此交汇和发展，不同的观念、不同的思维在此交融。尽管他们是来了解苗族文化，但是他们的到来无疑对当地人产生了巨大的影响。台江县已成为一座各种文化与苗族文化相交融的城市，多元文化的交融与互动促使当地人的价值观念产生了较大程度的变化，而对于整个苗族体育的变迁来说，这种社会价值观的变迁正是体育变迁的前提和基础。

第四章
苗族体育的现实状态与特征——施洞苗族体育田野考察

人类学的基本特征是整体观与比较法的运用，本研究运用“质的研究”的方法体系和范式进行研究，主要运用阐释主义的视角，通过对当地人社会生活的理解，以当地人的观点和自己的见解对苗族体育进行分析研究。对于现实生活的考察，真实的描述是前提，约翰和罗浮兰(John and Lyn Lofland)提出了考察活动的频次、级别、结构、过程、原因和结果的模式，[①②] 斯布莱德里则对现实的社会情境维度的考察提出几个维度：①社会生活发生于何处？②哪些人卷入了社会活动？③人们从事了哪些个体活动？④人们从事了哪些群体活动？⑤人们使用了哪些物品？⑥活动发生的时间次序是怎样的？⑦人们想要完成什么事情？⑧表达了什么样的情感？[③④] 根据本研究的目的和需要，笔者从以下几个维度对施洞镇苗族体育的现实情况进行考察：①时间与频次，包括参加体育活动的时间序列、持续时间和频率等；②参与主体与地点，包括参加体育活动的对象有哪些，活动的场所在哪里；③参与内容与过程，主要包括参加体育活动的项目、活动方式、场地、器材等；④参与目的与结果(当地人的观点)，包括参加体育活动想要完成什么，表达了一种什么情感等，并用这一种模式陈述施洞镇苗族体育的现实状况。

---

① 转引至艾尔·巴比《社会研究方法》(第10版). 邱泽奇译. 北京：华夏出版社，2005。

② 艾尔·巴比. 社会研究方法(第10版)[M]. 邱泽奇译. 北京：华夏出版社，2005：137，362.

③ 转引自J. Amos Hatch. 如何做质的研究. 朱光明，沈文钦等译，北京：中国轻工业出版社，2007。

④ J. Amos Hatch. 如何做质的研究[M]. 朱光明. 沈文钦等译. 北京：中国轻工业出版社，2007：81.

第一节　施洞镇的基本情况

一、自然地理与历史沿革

施洞镇位于台江县城北部，东南面与革东镇接壤，南与老屯乡相接，西与革一乡相连，北与施秉县双井、马号、六合乡镇隔江相望。距县城21公里，镇内有镇台线和施凯线及清水江河道，水路交通便利，自清代乾隆后是清水江的主要码头之一。清末到民国期间，商船云集，水运发达，日泊船只上千，商业极为发达，是台江物资的主要集散地之一。

施洞镇东西长21公里，左右宽9.5公里，总面积104平方公里，地貌以低山、河谷为主，整个施洞镇居于山谷之间，最高海拔1150米，最低海拔480米，属中热带季风湿润气候，冬无严寒，夏无酷暑，温和湿润，无霜期较长，达285－289天，适宜林木生长，年平均气温在10－16℃，年降水量达1050毫米。①

施洞清代设石硐汛，1953年建施洞乡，1984年改为施洞镇，1991年合并平兆、良田乡为施洞镇，辖9个自然寨，包括施洞街居民委员会及偏寨、小河、巴拉河、杨家沟等20个村委会、96个村民小组。据官方数据统计，施洞镇现有人口约1.6万，居住有苗族、汉族、布依族、回族等，其中苗族人口最多，约占全镇人口的98%。

二、经济状况

农业是施洞镇经济的支柱产业，主要以种植水稻为主，兼有林业、畜牧业、渔业，经济农作物主要有油菜、烤烟和花生等。施洞镇属于多山少田地区，加上近几年农村青壮年外出打工，缺少劳动力，施洞镇的农业生产发展缓慢，当地人更愿意外出打工挣钱，而不愿在家务农，所以原本夏季种植水稻，冬季种植油菜等经济作物的基本方式已经改变，许多村寨开始只作夏季耕种。当地的经济收入和来源主要有几种途径：第一，简单的农业生产和基本的副业生产，夏季种植水稻，冬季部分种植油菜等经济作物，平时家里靠养鸡、养鸭、养鹅等，以卖鸡、

---

① 卢勋等．中国少数民族现状与发展调查丛书：台江县苗族卷[M]．北京：民族出版社，1999：205.

鸭或者鸡蛋、鸭蛋补贴家里零用；第二，多数村寨的农民收入主要是靠年轻人外出打工挣钱，这种经济收入比在家种田做农业的收效要高得太多，通常一年打工的收入是在家耕种农业几年的收入。据笔者调查得知，施洞镇大多数村寨的无业中青年都在广东、上海、江苏、浙江等地打工，家里仅剩老人和残障人。在巴拉河村，目前在三十岁以上的人几乎都有十年以上的打工经历，除了几个传统节日之外，家里只剩老人和小孩；第三，苗族的刺绣和银饰产品的销售，苗族的手工刺绣和银饰产品在国内外非常受欢迎，没有外出的在家苗族女子闲时主要以刺绣为主，等到旅游期间再进行销售。但是苗族手工刺绣工序多、周期长，近年来靠卖刺绣产品获得经济收入的人已经开始减少，她们的刺绣一般是为女儿出嫁作嫁妆准备。苗族银饰是施洞镇苗族经济来源的一个重要途径，施洞镇塘龙村是银饰制品生产的传统寨子，近年来随着旅游事业的发展，许多人家已经靠经营银饰产品为主要经济来源；第四，施洞镇街上的许多住户靠日常小商品的买卖为主要经济来源，包括一些饭馆、日常用品的销售等。

第二节　学校中的体育

在任何文化中，其传统的道德约束是代代相传的，不仅通过语言，而且通过老一辈人对其子女的态度来传递。旁观者如果不研究儿童培养方式，就很难理解一个国家生活中的主要问题。[1] 教育是一种培养人的活动，文化的传承是通过教育的途径进行的，一个国家或族群的人们所受到的主要教育包括族群生活中的习俗教育和学校教育。学校教育是一种系统培养人的活动方式，是传播文化和学生获得知识的一种最有效的方式，学校的培养方式对学生具有至关重要的影响作用。而生活中的教育是开始最早和影响最为深刻的，考察生活中习俗的教育对于了解族群文化传承方式，文化的内涵具有重要的意义。本节主要分析施洞镇学校中开展的各种体育活动，对于社会生活中儿童的体育活动将在“日常生活中体育中”的章节展开讨论。

一、现实的描述

(一)时间与频次

施洞镇目前主要有施洞中学和施洞中心小学，在两所学校中，学校按照国

① 鲁思·本尼迪克特．菊与刀(插图评注版)下[M]．刘锋译．北京：当代世界出版社，2008：393.

家学校体育工作要求，每周开展2节体育课，另外还包括每天的课余体育锻炼、早操、课间操。在施洞中学和施洞中心小学调查的结果表明，国家尽管规定有早操、课间操、课余体育锻炼和体育课，由于思想观念和意识等方面的原因，学校体育工作开展并不规范，学校体育工作的开展时间严重不足。早操基本没有开展，课间操能达到基本保证，但学生在课间操的练习中都是“出工不出力”，从效果上来说基本不能保证练习时间。在施洞中学和施洞中心小学的调查中得知，在体育课中，体育教师并不尽责，体育教师多年的体育教学中并未制定学期计划、学年教学计划和课时计划，体育教师一般上体育课多数时间是“放羊式”的“自由活动”，课余体育锻炼活动中，学生也是“放羊式”的“自由活动”，学校并未专门组织实施。尽管学校规定的各种体育活动开展并不正规，但是学生参加的体育活动相对较多。笔者在2周的实地观察中了解到：在体育课中，教师“放羊式”的“自由活动”给予了学生更多的运动时间，学生在体育课中，包括大部分女生，她们总是在各种自己的活动方式中体验运动的快乐，在整堂课中，她们总是相互追逐、打闹、游戏，经常是满头大汗，甚至在课间的十分钟也是如此。下午放学，许多学生并不急于回家，总是要在学校玩耍、游戏一段时间之后才会回家，而玩耍的各种方式主要以各种体育活动或者“身体活动方式”为主，他们的身体活动时间是非常充足的，尽管并不是规范的体育活动，他们也不了解这种活动方式的真正含义，但实际上他们已获得了身体和心理的愉悦。

(二)主体与地点

在施洞镇的中学和小学中，学生对于各种“身体活动”情有独钟，笔者据2周的实地观察中了解到，施洞镇的学生参与体育活动或者称为“身体活动”的时间比例极高，从小学一年级到初中三年级，不管是男生还是女生，都热衷于各种体育活动方式。据观察估计，中小学学生参加各种运动的比例在90%以上，初二、初三的学生略微少一点。他们的活动地点更是无所不在，教室里、走廊中、操场上、花园中，学校中只要有空地的地方，都是他们参加各种活动的场所，而其活动的方式也各种各样，不尽相同。

(三)内容与过程

施洞中学和施洞中心小学的学校体育教学内容是根据国家《体育与健康课程标准》而开展执行，在管理过程与实际执行中，学校体育的内容几乎全是西方现代体育项目，包括篮球、足球、排球、乒乓球、羽毛球、田径中的跑跳和一些体育游戏性项目，其中篮球是学校体育中的重要教学内容，学生爱学、老师好教。另外一个经常开展的教学内容是初中体育中考项目，包括 50 米、立定跳远、跳绳等项目。

在体育教学过程中，课前准备一般是集合、略微做做准备活动，或者是围绕学校操场慢跑两三圈，有的老师适当进行一定内容的教学，多数课堂教学一半以上的时间是学生“放羊式”的自由活动，或者给学生发几个篮球、排球，或者跳绳、羽毛球等，让学生自己“玩耍”。据施洞中学某体育教师说：“学校对体育课的要求非常简单，只需体育老师管住学生，不要乱跑而致影响其他教学，以及在上体育课时不要出现安全事故等。安全问题是学校体育工作的重中之重，是学校领导反复强调的。在施洞中学，学校体育工作强调的第二个问题是要以中考为目标导向，学生中考体育分数比重大，体育老师要主要抓此项工作，我们当然想把体育课上好，但是学校的整个大环境让我们无法去上好体育课，而且学校体育教师的待遇又低，比起其他学科的老师来说，是其他学科普通教师待遇的 80%(两个体育教师估计值)左右，所以我们一般是想上就多上一点，不想上就少上一点。”

学校的课余体育锻炼并没有一定的正规组织，在学校的课余体育活动或者身体活动中，男生的项目通常是打篮球，一般是“二对二”、“三对三”，或者自己一人单独玩耍，尽管不太懂篮球规则，但能够按其自己的活动方式去打，有时问问体育老师，有时问问镇里面篮球打得好的成年人。女生的课余体育活动主要是跳皮筋、“跳坎”、打乒乓球等，或者是几个好朋友之间的你追我打，并无严格的体育或活动方式。

通过对施洞镇学校体育的实地考察得知，在施洞镇学校体育课程内容中，并没有苗族或其他少数民族传统体育项目的引入和开展。从 2002 年开始，台江县由县教育局、县民宗委共同开始实施“苗族文化进课堂”工作，最开始是从音乐、体育、美术三门课程开始，到目前为止，学校体育中并没有开展有关“苗族体育进课堂”的内容，然而在施洞中心小学和施洞中学校园内的围墙上，却绘制了许多苗族传统体育和其他苗族文化活动的图画，如吹芦笙、斗牛、划龙舟、踩鼓等。

施洞中学的几个学生描绘了苗族体育进课堂的情况：我们学校体育课内没有开展苗族传统体育的内容，有时候学校会组织大家跳跳芦笙、踩踩鼓，或者做一些银饰表演，我们所跳的芦笙和踩鼓与平时生活中的是一模一样，学校只是组织我们练习一下，平常学校并不专门统一组织，我们也不参加这些活动，

图 4-1 笔者与访谈对象的合影

仅仅是在有“领导”来检查的时候，或者是在节日活动中要参加表演的时候才会有这些内容，平常上体育课或者课余体育活动的时候并没有专门课堂教学和参加练习。

学校两位体育教师对于苗族体育进课堂的描述：苗族体育项目能在体育课中教那当然是很好的，县里也组织过体育老师培训，但是学完之后我们并未统一组织，跳芦笙、踩鼓多数学生都会，都不需要我们教，学校领导对体育课不够重视，他们更没有想到体育课能传承苗族文化，我们待遇不高，学校又不愿意花钱组织学习，当然我们也不用去上这些内容，当“上面”来检查的时候，学校自然会组织一下，不过我们还是希望有机会能学习一下，看看在学校体育里面怎么去教一些苗族体育的东西。

（四）目的与结果

对于参与的主体——学生而言，学校体育这种运行方式原本寄希望于传播一些现代化体育知识，让学生了解现代化的科学知识，当然同时也没有丢弃民族文化的传承，然而在实际运行过程中，结果与我们预期的并不一样，西方现代体育项目充斥着校园，尽管并不是“倾囊相授”，但耳濡目染，学生对于西方现代体育的了解逐渐超过了自己民族的文化，学生开始对自己的文化逐渐远离和淡化，他们对自己的本民族文化并不感兴趣，而且他们并不了解自己的文化，而仅是保持一种“是为了给‘领导’或者是给‘游客’表演而学习”的态度，当地政府的重视也没有实质性的效果。由此见得，文化的消失是一个可怕的信号，正在昭示着传统与现代之间的冲突与矛盾。

二、现实的解释

（一）当地人的观点

对于儿童少年而言，好动是其天性，特别是初中和小学的学生，他们在学校中参加体育活动，一是因为学校要求必须上体育课，二是因为体育课可以“玩”，不用坐在教室里学习。由于学校里的大多数课程是要在教室里坐着学习的，其天职就是学会并掌握一定的知识和技能，学不会直接会面临老师和家长的压力，而体育课似乎可以不用面对这些压力，再加上体育课的绝大多数时间可以“自由活动”，自己爱玩什么就玩什么，不受限制，他们可以和同学们、朋友们尽情地享受、放纵自己，这比起在教室里读书来说，当然是一件莫大的喜事。在问及苗族传统体育项目“好玩”还是“西方体育项目”谁更“好玩”时，男生的回答是：当然是“西方体育项目”，打篮球是最“好玩”的，打乒乓球也不错，西方的现代体育似乎更吸引他们。对于女生来说，许多女孩回答：“我们喜欢跳芦笙、也喜欢踩鼓，挺好玩的，另外打乒乓球呀、跳绳呀、跳坎呀我们都喜欢，只要好玩就可以，我们经常参加踩鼓、游行（在各种民俗活动中，经常有苗族盛装游行）、跳芦笙，比如姊妹节、龙舟节、春节等，大人去我们就去。”

对于社会而言，父母对于子女教育的期盼值是非常高的，笔者在多家入户调查中，得到的表述是：“我们希望小孩好好读书，在学校多学一些知识，将来能考上外面的大学，以后就不用回来了，能在外面挣很多钱，我们就可以跟着出去，跟他们一起享福了，对于体育而言我们没有过多要求，苗族的东西他们是要懂一点的，不能完全不知道我们苗家人的东西，男娃子能划一下龙船、吹一下芦笙，女娃子能踩一下鼓就可以了。”他们似乎对于女孩的期盼并不是很高，在对巴拉河村一住户的访谈中，女主人是这样表达的：“我家小孩能考上大学就好了，考上大学就可到大城市不回来了，将来我们也可以去那里玩了，如果考不上，以后要给她找个好的婆家，能嫁出去就好了，能嫁到外面有钱的地方也可以。”

（二）我的见解

随着现代化进程的加快，现代化对于施洞镇苗族体育产生了较大的冲击，不同文化之间开始产生相互的交流和影响。对学校中的学生而言，产生不同文化主要有两种因素：一是学校的教育目标、教育体制和教学的具体内容，二是家长和社会对于教育的期望值。

学校的教育目标是前提，教育体制是基本保障，教学内容是根本措施，在学校体育当中，我们传统的教学内容往往被界定为西方传统体育，如篮球、足球、排球、乒乓球、羽毛球、田径类、体操类等，而我们民族民间的项目极少，民族民间项目相对较多的就只有武术一项，西方现代项目具有它自身的优点，对于体育内容而言，除了西方现代体育项目，还应该包括我国民族民间体育，如少数民族传统体育、非少数民族体育项目（包括我国传统的养生项目、武术及其他游戏类项目)、现代时尚类新运动项目等。尤其是我国民族民间体育内容更加丰富，文化底蕴深厚，对于苗族人口占98%以上的施洞镇，舍近求远显然不是一个明智的选择，况且现代社会学生的需要也是多种多样的，文化的多样性和复杂性是显而易见的，我们的教育任务是要让学生了解和学习各种各样优秀的文化。

尽管政府重视教育工作，但对于政策的执行和对于体育的理解还远远不够，他们只知道体育课是学校教育中必不可少的课程内容，但并不知道学校体育课程的目的和意义。台江县从2002年开始实施苗族传统文化进学校，其中的一个重要内容就是传统体育进入体育课堂，但是在现行的教育体制之下，这项工作的开展显然仅是一个“政治应酬”，仅是为了应付上级领导的检查，而实际工作中不需做太多的努力。

教育在文化濡化中扮演着一种重要的角色，学校教育是濡化的一种特殊安排与特殊形式，是有目的的整个教育体系的重要组成部分，[①] 通过学校体育的传播，西方体育必然会逐步通过濡化的方式逐步渗透。学校是传播文化的一种有效方式和途径，当不同的文化碰撞时，如果我们要强行打造一种强势文化或者主流文化，要用一些强制性的手段过分强调一种文化而忽略另外一种文化的发展，这显然是不符合文化发展的规律。施洞中学在学校体育内容中仅仅以西方现代体育项目为主，忽略了民族民间体育项目，而作为苗族高度聚居地区，苗族有丰富多彩的苗族体育文化，忽略了当地的现实条件，这对于苗族文化的传承和发展显然非常不利，在世界文化争奇斗妍的今天，对文化的忽略和遗弃将是世界文化宝库的一种巨大损失。

另一方面，从家长和社会对于学校的期望值来说，笔者在调查中了解到，在施洞镇的多数村寨，多数的人都有外出打工的经历，除了老人、体弱者或者残障人，家庭条件较好或者考上大学的，没有上学的中青年都在广东、上海、深圳、江苏、浙江等经济发达地区打工，许多目前在家的老人也多有十年以上的打工经历。外出打工让他们了解了外面的世界，让他们知道知识的重要性，知道了小孩以后如果要有出路，就必须多读书，多学点文化，所以他们对于小孩的教育是非常重视的，尽管有时候他们顾及不过来。外面世界对于他们的直观刺激是：还是要有钱才好，多一点知识打工挣得的钱也会多一点。他们重视下一代的教育，而他们并不了解体育的作用，他们的直观感受是其他文化知识

① 庄孔韶．人类学概论[M]．北京：中国人民大学，2006：287.

的重要性，而不是体育的重要性，更不是对于苗族文化的传承的历史使命，所以对于学校里面体育课上什么内容，该不该教授苗族传统体育他们根本无需考虑。

一种传统文化是否发展或者继承，其判断的准则是看这种文化或者传统对于构建新的生活是否还有价值，如果其对于新的生活是不利或者有害，那么就必须舍去。在很多时候，我们还无法判定一种文化价值的时候，那么我们所要做的是先把它们继承下来。而作为民族文化的传承来说，学校是最好的途径，因此我们需要有效利用学校传承民族文化的重要作用。贵州省少数民族农村地区学校体育的最大瓶颈是场地、器材和经费的匮乏，在目前的现实条件之下，靠大量投入人力、物力资源和经费显然是不现实的，既能传承和发展民族文化，又能促进学校体育的发展和提高学校素质教育的水平与质量，最为有效的途径就是把民族传统体育引入学校体育，一方面能充实学校体育的内容，另一方面也可以加强对于民族传统体育的整理、传承和发扬，获得双赢和取得双重社会效益。[①]

案例1：施洞中学学校体育的一天(2010年4月22日，星期四，晴)

早上7点30分左右，学生们陆陆续续来到学校，从7点30分开始，有4个男生便开始带着球到了篮球场开始打篮球，他们没有相互比赛，只是争抢之后，有的进行运球投篮，有的原地跳投，而另外的随机防守持球的同学，球抢得很激烈，4个同学不停地进行，到了7点40分左右，同学们越来越多，又有3个同学加入这一个球场和他们一起打篮球，在另外一个篮球场也有五六个同学开始了同样的打篮球运动，直到8点学校的上课铃敲响，打篮球的学生才满头是汗跑进教室上课。

第一节课的下课铃响了，老师一下课，教室里便冲出三队抱着篮球的学生，他们迅速赶到最近的篮球场，又开始了他们的打篮球运动，直到上课铃响了才依依不舍地进入教室。第三节课之后是课间操，课间操的内容是“时代在召唤”第三套广播体操，由体育教师通过广播指挥，班主任管理，多数学生都是“出工不出力”的状况，有气无力，做得十分懒散，当广播宣布解散之后，整个操场顿时炸开了锅，一下子热闹了，同学之间相互追逐打闹的、打篮球的、打乒乓球

① 冯胜刚.贵州省少数民族传统体育与民族地区农村学校体育互动式发展的研究[C].民族体育论文集——第七届全国少数民族传统体育运动会科学论文报告会获奖论文集.北京：民族出版社，2003：166—174.

的、跳皮筋的、跳坎的、丢沙包的，各种各样的游戏立即开始了，整个操场显得十分热闹而有气氛，直到第三节课的上课铃响起。

第四节课开始有三位体育教师上体育课，三位体育教师的年龄一人在30左右，另外两人在40岁左右，在操场中可见体育委员在集合整队，教师才走上前，简单讲了几句，其中一名老师带着学生(初一)开始做准备活动，另外两名教师直接叫体育委员组织准备活动，做完准备活动之后，老师吩咐学生拿了两三个篮球、几副羽毛球和几副乒乓球和几根跳绳交给学生，学生便开始了自己的“自由活动”，打篮球的、打乒乓球的、打羽毛球的、跳绳的，同学之间相互追逐打闹的、跳皮筋的、跳坎的、丢沙包的，各种各样的活动便开展起来了，仅有十多个女生站着聊些天，其他大部分学生都开始了自己游戏活动。快要下课时，几位坐在一起聊天的老师吹响了教笛，集合讲了几句，学生便解散下课了。第五节课有四位体育老师上课，上课的模式几乎与第四节课一样如法炮制。

下午第一节课便有四位体育教师上课，开始的集合与早上一样，集合完毕之后，有两位教师与早上的体育课一样的教课模式，另外两位教师中其一在教部分学生行进间运球高手投篮，另一位则在教授学生立定跳远，对于老师的教学，学生似乎并不感兴趣，两位教师在教授了大概十五分钟左右，组织学生练习了几次，便让学生自由练习，与早上的授课方式一样，学生的表现也差不多。下午第二、三节课与前面体育课几乎一样，学生的表现也是如此，没有多大变化。

在放学之后，学校没有专门地组织学生的课余体育活动，体育教师也相继回家，许多学生并不急着回家，篮球场上打篮球的很多，几个球场都有学生在打篮球，有的学生在操场的空地上跳皮筋，有的在跳坎，有的在丢沙包，有的在追逐打闹，还有六七个学生在玩“斗鸡”，场面倒是十分热闹，多数学生在学校玩到下午6点半左右才回家，走得最晚的是打篮球的学生，有三个半场的学生直到7点40左右，天快黑了才恋恋不舍地离开学校。

第三节　日常生活中的体育

不论是原始部落还是最先进的民族，个人都是从日常生活当中进行行为和经验的学习。不论他们的行为或观点是如何地怪异，个人的感觉和思维方式往往总是与其经历有关的。[①] 传统形成于长期的社会生活当中，苗族传统体育起

① 鲁思·本尼迪克特．菊与刀(插图评注版)上[M]．刘锋译．北京：当代世界出版社，2008：21.

源于苗族人民日常社会生活当中，它的发展、变迁都是在日常社会生活当中完成的。苗族体育发展到了现代化的今天，苗族人当前是怎么对待他们自己的传统体育，苗族传统体育在他们的生活中处于什么样的地位？对于诠释者和“质的研究”者而言，是要了解局内人是如何理解社会生活，如何体验社会生活的？那么我们必须考察他们在日常生活中的体育状况，从局内人的视角来审视这一情景。①

对于施洞镇苗族日常生活中的体育的考察，儿童和成年人有较大区别，因此，本研究将从儿童和成年人体育两个方面进行阐述。在民俗学研究中，通常将民俗活动或者民俗节日归为日常生活的内容，② 苗族传统体育是苗族民俗节日活动中的重要组成部分，但是它与民俗节日之外的日常生活中的体育差异甚大，因为民俗节日期间，人们的生活行为模式往往有悖于日常行为规范和生活规律。③ 所以，本研究把苗族民俗节日中的体育与日常生活中的体育分开单独探讨。

一、现实的描述

(一)时间与频次

施洞镇儿童日常生活中的体育考察主要是儿童不在学校范围之内的体育活动，主要涉及学生放学离开学校之后的体育活动和寒、暑假期间的体育活动。在日常生活中，他们除了在学校学习的时间，他们在每天的生活中通常是各种“玩耍”、看电视、偶尔做作业、适当做点家务或者帮助家里做点杂事，镇里经济条件稍微宽裕一点的小孩还有一项重要的活动是在网吧里玩游戏，农村里的小孩绝大多数的时间是在各种身体活动“玩耍”和“游戏”中度过。

对于成年人来说，在他们日常的生活中，几乎没有什么专门的体育活动，平时他们几乎不专门参加体育活动，而其中他们参与最多的一项特别体育活动内容就是游泳。每到夏季，一般从每年五月初一直持续到每年的十月中旬左右。在施洞镇，篮球是日常生活中另外一项体育活动，在闲暇之余，一些篮球爱好者则会到篮球场投投篮球，玩耍、娱乐。笔者在调查中了解到，在施洞镇老街

---

① 劳伦斯·纽曼．社会研究方法——定性和定量的取向[M]．郝大海译．第5版．北京：中国人民大学出版社，2007：98.

② 陶立璠．民俗学[M]．北京：学苑出版社，2003：3.

③ 王娟．民俗学概论[M]．北京：北京大学出版社，2002：170.

上，有四五个中老年妇女，每到傍晚时分会聚集到一位李姓的人家里，一起跳一些老年舞蹈。

(二)主体与地点

对于日常生活中的体育而言，儿童的体育活动内容相对较多，不管是男孩还是女孩，他们最大的爱好是“玩耍”，而他们“玩耍”的地方通常都不是规范的活动场地，一般都在院坝、踩鼓场、山坡上、河里、田径、地头、村落里，他们的活动场地几乎无所不在，任何地方都可以开展他们的各种身体“游戏活动”，镇上的小孩偶尔也去学校的篮球场或者施洞镇的集贸市场等各种空地进行各种身体娱乐活动。对于成年人而言，他们参与体育活动项目主要是游泳，而场地就在离家较近的清水江河与巴拉河。尽管他们参与体育活动的场地不正规，但是他们所运动的场所环境山清水秀，空气清新，是一些非常适宜参加各种体育运动的场地。

(三)内容与过程

在施洞镇，作为民族地区，对于计划生育的要求在执行中并不严格，国家规定少数民族家庭允许生育两个小孩，但是许多家庭都有两个以上的小孩，并且这里的苗族还存在较为严重“重男轻女”的观点。一般家庭中，每家都必须有男孩，所以村寨的小孩较多，儿童之间的玩伴自然也多了，娱乐游戏的方式和内容相对也比较丰富。家里一般仅有老人在家，小孩的父母都在外打工，对于他们的学习管得也并不多，因此他们玩乐，参加各种游戏的时间就比较充裕。儿童的体育活动项目较多，一般有打鸡脚架、捉小鸡(老鹰捉小鸡)、“打架”、躲猫猫(捉迷藏)、打陀螺、玩弹弓、“射箭”(自制)、坐跷跷板、踢毽子、捉鱼、洗澡(游泳)、划船、骑自行车、玩雪、打雪仗、“打仗”(用玩具枪)、打水枪、打篮球、乒乓球等，女孩子还有跳皮筋、丢沙包、跳板、跳芦笙、踩鼓等。其中男孩子最喜欢的项目有“打架”、“打仗”、骑自行车、打陀螺、洗澡(游泳)、捉鱼、射箭等，女孩子喜欢的项目主要有跳皮筋、丢沙包、跳板、骑自行车、乒乓球等。

(1)“打架”

“打架”是当地男孩非常喜欢的一种身体活动游戏，是男孩在日常生活参与次数相对频多的一个项目。他们通常五六个、七八个小孩一起，分成两队，以一种相互打斗的形式进行，一般不使用器械，他们打斗的地方包括村里的院坝、田间地头、山坡上，有时他们在追逐的过程中甚至经常从2—3米高的山坡直冲下来，或者从2米左右高的地方跳下。他们的身上、手上、脸上经常沾满了泥土，有时也会用一些树枝、树林里的松果，甚至是地上的泥团、石头等相互掷打。在他们的概念中似乎没有安全隐患的担忧，有时也经常有小孩被打痛哭泣的情况，但是隔不了多久又开始了这种游戏。打架通常以拼打、追逐、摔抱的形式进行，一般以将某一队打跑或认输为止，或者双方共同商量停止即可。

图4-2　儿童打架

图4-3　骑自行车

(2)骑自行车

骑自行车是男孩和女孩都比较喜欢的一个活动项目。镇里的小孩一般是在街道和球场、踩鼓场等地方进行，村寨的小孩一般是在田间小路上，村寨的院坝中、寨子里的踩鼓场或者寨子里的小路上。自行车对于他们来说似乎还是一种新鲜的活动项目，男孩女孩都十分感兴趣，觉得好玩，他们经常会骑得不亦乐乎，满头大汗，而且还会为争骑自行车而发生争执。

(3)洗澡(游泳)

施洞镇坐落在清水江岸，有巴拉河在此汇流，施洞人与水结下了不解之缘，镇里的小孩从小在河边长大，他们一般三四岁便开始在水里玩耍，五六岁便能下河摸鱼，水性极好。当地人把游泳叫做洗澡，他们的游泳与我们的蛙泳、蝶泳、自由泳等规范动作并不一样，他们采用自己的游泳方式，尽情享受水中的乐趣。小孩们每到天气稍热季节，便开始下河，直至天气转凉，无法下水才会停止。他们的洗澡方式主要是在水里嬉戏打闹、做游戏为主，通常是打水仗，相互用手击打水来攻击对方，或者在水中开展潜水比赛，再或者会在一起比试游泳的速度。这是儿童们夏天最爱的一项体育活动，通常在夏天他们在水里一玩就是三四个小时，甚至经常在天黑以后还在河里嬉戏、玩耍。有的小孩仅三四岁，家里的大人似乎也从来不用担心他们的安全问题，也不需要大人去管理他们，河水似乎是他们与生俱来的玩耍伙伴。

成年人在日常生活中的体育活动方式主要是游泳，在夏季，他们通常在每天下午或闲暇的时候都会到河里"洗澡"，在河里一般主要是为了消暑、清洗清洗，并在河里游一会儿，娱乐娱乐。其游泳主要是按自己的惯常方式，并无规范的技术动作。在日常的生活当中，成年人并无专门参加体育锻炼和体育活动的习惯，镇里的成年人多数在外打工，年长的老人通常是在家做农活和家务，或是帮忙管理小孩，他们没有参加体育运动和进行身体锻炼的意识。

(四)目的与结果

体育活动对于儿童而言是一种儿时的身体游戏，是一种"好玩"的事情。在现实生活中，他们并没有关于体育的任何概念和意识，也不需要通过体育来表达什么情感，儿童年龄小，不具备在体育方面的主体意识，尽管体育的目的是客观存在的，但对儿童而言这些只属于"生物性"需求。而对于成年人老说，他们日常生活中的体育活动单一，笔者在访谈调查(游泳 55 人，篮球 8 人，老年女子"舞蹈队"5 人)中得知，参加游泳的目的与原因主要有：①天气热，消暑；②身上脏，洗澡；③大家一起好玩，做"玩意"(玩耍)；④没事干，无聊，打发时间；其中 89％的人主要目的都是天气热，消暑，56％的游泳的目的是身上脏，洗澡，55％的人的目的是好玩，大家一起做"玩意"。参加打篮球的主要目的有：①没事干，无聊；②玩耍，顺便练习一下球技。施洞镇老街上的老年女子"舞蹈队"共 5 人，是镇里唯一的一个现代"舞蹈队"，其成立的原因是李阿姨家在外工作的儿子基于孝敬老人，使父母能有休闲娱乐和锻炼身体的方式，给她买了关于老年现代舞蹈的光碟，使她既能打发余暇时间，又能锻炼身体。据李阿姨描述说：镇里没有人会跳这种"现代舞"，只有我能跳，我跳的是外面的"现代舞"，我家儿子在外面干得好、有出息，我才有机会学这些东西，然而我觉得一个人跳的没意思，就找了几个姐妹一起跳。而其他几个"舞蹈队"的阿姨来参加这个"舞蹈队"的原因很简单，想学学"现代舞"，学些新颖的内容，学会别人都不会的东西，以此作为一种炫耀的"资本"。

笔者在施洞镇作田野调查时，居住在巴拉河村，于 2010 年 1 月对巴拉河村的儿童体育进行 3 周连续追踪观察，采用摄像、照相等手段，记录了巴拉河村儿童寒假体育生活片段。

案例 2：巴拉河村儿童的寒假体育生活

巴拉河村位于清水江沿岸，巴拉河与清水江交汇处，依山傍水，距镇政府

5公里左右。村民房屋多建在半山，辖5个村民组，4个自然寨，117户，580人左右。村里除了身体有残疾者，中青年几乎全部在外打工(包括女子在内)，村里许多男性老人95%(据村支书和寨老估计)以上有外出打工10年以上的经历，有的甚至有20年左右的打工经历。村里的主要经济收入来源于粮食生产、外出打工和林、渔及农副产品，2007年村统计人均年收入1640元，粮食人均占有112公斤，到2009年变化不大，全村基本解决温饱问题。

政府为了发展教育事业，普及义务教育，提高入学率，从2008年开始，对于离学校较远的学生实行寄宿制，学生只需每月交付16元钱，16斤大米，全部住校，吃住全部由学校承担，村里的学龄儿童多数属于寄宿制学校读书，一般只有到放假时间才回家，到了寒假，村里的儿童基本上都在家。

村长家有3个子女，其中2个儿子，1个女儿。女儿15岁，大儿子13岁，小儿子11岁，大儿子是村里小孩的“头头”，很有召集能力，一般村里的小孩都在他的召集下一起玩。每天早上，他们大概九点钟起床后便出去玩，有时甚至不用洗漱，一般到十点左右，便回家吃早餐，有时是饿了便回来。通常是妈妈做好了便叫他们回来。他们有时不吃早餐，他们的早餐通常是以“粑粑”为主。他们很快吃完早餐又出去玩耍，一般要等到十一二点回来吃饭，有时根本不回来吃，等到饿才回来。吃完午饭之后，又出去玩耍，直到下午天黑才回来。晚上他们通常是在家看电视或者打扑克牌，如果村里有人家办“酒席”便会去那里玩。他们一天的生活基本是在外面进行玩耍——体育活动。

村里的小孩们参加的体育活动项目主要有：“打架”、“打仗”、射箭、打陀螺、骑自行车、跷跷板、捉迷藏、爬树等，女孩主要有跳坎、骑自行车、跳皮筋、踩鼓、丢沙包、捉迷藏等。他们参加各种活动的时间一般是随机确定，今天聚集在一起，大家商量玩什么，取得一致意见就玩什么，地点根据所参加的项目而定。

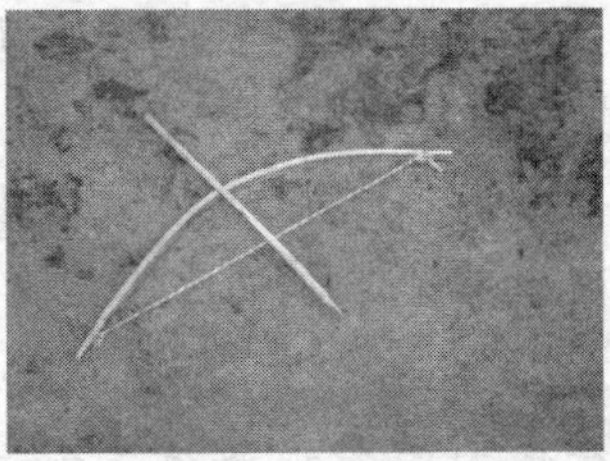

图4-4 自制弓箭

图4-5 打陀螺

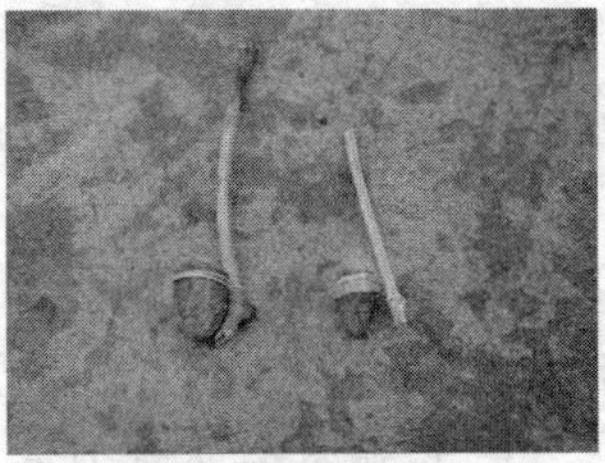

图4-6 陀 螺

“打架”，通常是把人分成两边，三五个不等，主要以手脚进行攻打，或者以抱摔等方式，有时也会用竹竿、棍棒拼打，甚至还会用石头或泥团相互投掷，直到把另一边人打跑或者认输为止。他们一般会在田间、山坡上，或者村里的各种空地上进行，他们的打架经常会相互地追逐，边跑边打，在田坎上跳上跳下，在山坡山爬上爬下。如果累了，就休息一会又开始，他们经常会玩上一个多小时。

“打仗”，是用在集市上购买的玩具枪相互射击的一种娱乐游戏活动，“打仗”的地方和捉迷藏一样，在村里、田间、山水，他们有时躲在柴垛里，有时躲在草堆中，有时埋伏在田土里，有时在牛圈里、猪圈中，只要能躲藏的地方和有可能藏人的地方，他们都有可能“埋伏”。他们参加这个游戏的时间并不多，因为有玩具枪的人少，如果坏了，大人不会再给买，玩具枪对于他们来说也是一个奢侈品。跷跷板、射箭、打陀螺也是男生平常爱玩的项目，这些项目的器材通常是自己制作，跷跷板可随便用一块木板，中间放个支持物就可以制成，弓箭可以用树枝或者竹子加一根棉线制作，陀螺是找一节小树桩就可以制作，场地随处可行，非常方便。

骑自行车是男孩女孩都喜欢的一项运动，通常在村里的平地、院坝或者各种小路上，都会有他们骑车的身影，女孩一般在平路上，男孩则喜欢在小路上骑来骑去，以显示自己的车技水平。村里的自行车不多，总共有四辆，这对村里的小孩来说是一种难得的奢侈品，但他们并不吝啬，大家都可以相互骑着玩，经常是一个人在前面骑，几个人在后面追赶。

女孩子们通常是与女孩一起玩耍，他们参与最多的项目是跳皮筋和跳坎，跳皮筋的方法有很多种，一是以高度为比赛，一是以技巧为比赛，一般是三人或三人以上参与，也有两人，两人参与的通常需要用凳子取代另外一人拉皮筋。以高度比赛的通常是以最低高度开始，做完一套规定动作之后再提高高度，完成之后再提高，直到达不能跳过的高度为止，规定动作方式一般以儿歌为节奏，跟随儿歌的节奏，一边跳一边唱。技巧型的跳法动作不定，但大致相同，以跳出的难度和花样取胜，村里的女孩子经常在房前屋后或者在院坝里跳这种皮筋。跳坎是村里女孩喜欢的一种活动方式，在地上画一定的方框图案，站在线后投掷石块，然后用单脚跳或双脚跳，捡到石板之后再按固定路线跳回来，这是一种集跳跃和投准的身体娱乐活动。

巴拉河村的儿童们就是这样一天接一天地重复进行他们的各种游戏，到过春节时，他们又开始了春节里的各种娱乐活动，直到新学期开学，他们才返回到学校，开始新的学习生活。

二、现实的解释

(一)当地人的观点

施洞镇目前还是经济水平相对较低的农村城镇，镇里除了一些简单小商贩和人数不多的教师、政府工作人员之外，绝大部分还是过着传统的农业社会生活，年轻人绝大多数外出打工，老人们在家承担农活——他们上山打柴、下地种菜，而且多数还有承担照顾孙子、孙女学习和生活的任务，他们并没有像城里老人一样衣食无忧，具有较多的闲暇时间，许多老人年纪很大，七十多岁、八十来岁，他们一样在田间地里干活，一样上山打柴，他们的身体健康状况良好。而且他们并没有退休的年龄，几乎是永不停止劳动，劳动是他们的一种生活方式，劳动替代了他们的体育活动。因此，生活也十分充实，尽管他们也属于“空巢”老人，但并没有像城里的“空巢”老人一样空虚、孤独，他们没有体育的意识和渴望，一直以来就是如此过着生活，他们顺应了这种生活，习惯了这种劳动生活方式。

对于儿童而言，游戏是天性，他们需要的是“玩乐”，而正好家里的大人没有太多的时间去管教他们。父母外出打工挣钱，爷爷奶奶要替代父母完成家里的农活和杂务，根本顾不上小孩的教育，而且许多年来，他们自己是这样走过来的，他们的儿辈也是这样走过来的，孩子能自己照顾自己，自己找寻自己的乐趣，那当然是最好不过的，父辈和祖辈知道学习的重要性，在生活中也会强调小孩的学习，但总的来说，并没有把学习放在第一位。儿童在生活中获得了绝大多数的自由，“游戏”便成为他们生活中的重要内容了。父母长期在外面打工，与子女相隔甚远，自然是惦记的，自己挣了钱，需要给孩子们买一些“家里”没有的东西，让孩子们见见外面的新鲜“玩意”，当然一些玩具枪也好，遥控车也好，自行车也好，孩子们自然就走进了玩耍的世界。

(二)我的见解

席勒说：“只有当人充分是人的时候，他才游戏；只有当人游戏的时候，他才完全是人。”儿童们对于体育的概念来说，不知其为何物，但是对于各种身体“玩耍”和游戏——体育来说，他们是专家，一种与生俱来的本领，不需要专门技能的传授，他们在日常的生活中，从前辈人那里所习得。他们生活在山水之间，天然的娱乐场所，天然场地器材，不管是危险的还是安全的，传统的还是现代的，只要他们有机会见到，能模仿的他们都会自主学习和发挥，在他们的概念当中没有什么传统与现代之分，也没有本族和他民族之分。父母在外面打工，见到的东西多了，觉得好玩的，“先进的”，新鲜的，孩子没见过的，城市里的小孩能玩耍的东西，在可能的情况下，他们会从“外面的世界”给孩子带回来。我们对于一些生活中已经存在的东西往往会“视而不见”，正如我们生活在空气中一样，几乎是感觉不到它的存在。而对于新异的，在日常生活中不经常出现的往往会吸引他们的眼球，这些现代的玩具和玩乐的方式，儿童自然会比较感兴趣。

个人生活的历史中，总是离不开传统的模式和族群准则。一个人从出生开始，族群的习俗便开始塑造他的经验和行为；到他逐渐长大时，族群的习惯便逐渐成为了他的习惯，族群的信仰便成了他的信仰，族群的戒律也成为了他的戒律；等他长大时，他已成为族群文化的造物。[①] 族群的传统与日常生活息息相关，日常社会生活渗透了族群价值观、思维模式、精神道德传统等。日常生活方式、生活习惯和生活习俗，凝聚了族群的文化内核，而民族的传统正是依靠这种方式代代相传。而游戏，它从最早开始，就伴随着文化并渗透于文化，一直到我们今天生活其中的文明阶段。儿童游戏，看似简单的一种方式，但是在游戏的过程中已经开始了一种文化的传递。[②]

由于家庭结构的改变，儿童的社会生活发生了变化，传统的家庭结构是父母、子女能长期生活在一起，而现在这种结构打破了，父母常年在外，而且回来时他们的思维和价值观也发生了改变，自然他们对于子女的教育方式也发生了变化，孩子们所接受的已经不是苗族原生态的传统文化了，他们得到的是已经被他民族文化洗礼过的一种“加工文化”，施洞镇的儿童接受的正是这种“加工文化”，并且他们并不具有接受文化的选择能力和选择权利，于是，文化的“濡化”便开始产生作用了。这是一种对于本民族文化的一大冲击和挑战，他们的这种生活方式已经开始逐渐远离苗族传统的“文化模式”了。所以，施洞镇的孩子们对用玩具枪“打仗”，骑自行车，打篮球等现代项目也就顺其自然地接受了。

物质生活的生产方式制约着整个社会生活、政治生活和精神生活的过程。[③]

---

① [美]露丝·本尼迪克特．文化模式[M]．王炜等译．北京：生活·读书·新知三联书店，1988：5.

② [荷兰]J．胡伊青加．人：游戏者[M]．成穷译．第2版．贵阳：贵州出版集团，贵州人民出版社，2007：4.

③ 彭华民、杨心恒．社会学概论[M]．北京：高等教育出版社，2006：7.

生产方式决定着生活方式，对于施洞镇成年人的体育来说，由于传统农业社会的基本状况并未改变，他们基本上过着传统农业社会的生活，从事的是体力劳动，每天的劳作带来了身体的疲倦，而体育又恰恰是一种身体活动，对于他们而言，专门的体育无疑是多余的、不必要的，而且在某种意义上来说，他们多数以劳动替代了体育。施洞镇“老年舞蹈队”的产生正说明其是社会发展交替、传统与现代的交融的一种产物。

第四节　民俗节日中的体育

民俗是一种被民众传播的文化事象，其核心是传统，[①] 是一定族群的价值规范、习俗或者文化模式，它产生于人们的日常社会生活当中，又凝聚和融入社会生活当中，它是文化传承的一种重要方式。一个族群的文化的传承主要依靠教育，而人们所受到的教育包括生活中习俗的教育和专门化、系统化的学校教育，而生活中习俗的教育是开始最早和影响最为深刻的，正如露丝·本尼迪克特所说：一个人从落地伊始，社群的习俗便开始塑造他的经验和行为。到咿呀学语时，他已是所属文化的造物，而到他长大成人并能参加该文化的活动时，社群的习惯便已是他的习惯，社群的信仰便已是他的信仰，社群的戒律亦已是他的戒律。[②] 民俗节日是一种固定表达一定民俗文化的方式，它是民俗文化的一种浓缩和开展民俗活动的重要方式，了解生活中习俗的教育是了解族群文化内涵和解读族群文化的重要手段和有效途径。

一、现实的描述

(一)时间与频次

在日常生活中，施洞镇当地人的体育内容活动不多，各种文化娱乐活动主要出现在民俗节日当中，除了日常生活中的游泳和篮球之外，成年人参加各种体育活动以及篮球的时间都是在各种节日之中。苗族居住地素有“百节之乡”的称号，施洞镇每年的民俗节日较多，在当地一直有“三天一小节，六天一大节”的说法，除了有苗族传统的节日之外，由于与汉族交往时间较长，加之与汉族

① 叶涛、吴存浩．民俗学导论[M]．济南：山东教育出版社，2003：13—15.

② [美]露丝·本尼迪克特．文化模式[M]．王炜等译．北京：生活·读书·新知三联书店，1988：5.

文化的交流与融合，施洞镇苗族与许多汉族的节日已经完全一致，如春节、中秋节、重阳节等，有许多节日持续时间较长，施洞镇全年主要民俗节日及各种活动持续时间，见表 4-1。在施洞镇，人们日常生活中有许多时间并不固定的节日活动，如村寨的修桥、建祠等公共设施的修建，一般在村寨公共设施好之后，全寨都要把它作为一个重要的节日庆典，如 2010 年施洞镇芳寨修建踩鼓场之后的庆典活动，前后共持续庆祝 4 天。

表 4-1　施洞镇主要民俗节日及体育活动持续时间

节日名称	时间(农历)	主要活动内容	持续时间(天)
春节	十二月三十至正月十五	斗牛、踩鼓、跳芦笙、舞龙嘘花、舞狮、跳花灯、篮球赛、女子篮球、接力赛、拔河、象棋等	20 天左右，举行体育活动 15 天左右
祭桥	二月二	踩鼓、跳芦笙	2 天，体育活动 2 天
姊妹节	三月十五至十七	踩鼓、斗鸟、跳芦笙、划龙舟	5 天左右，体育活动 5 天左右
敬牛节	四月八	爬山、斗牛	2—3 天，体育活动 2 天左右
龙船节	五月二十五至二十七	划龙船、跳芦笙、游方、篝火舞蹈等	5 天左右，体育活动 5 天左右
吃新节	六月六	游方、斗牛、踩芦笙	2—3 天，体育活动 2 天左右
七月半	七月十三	踩鼓、跳芦笙对歌等	1—2 天
重阳节	九月九	踩鼓、跳芦笙对歌等	1—2 天
斗牛节	九月二十七	斗牛、跳芦笙等	2—3 天，体育活动 3 天左右
大苗年	十月第一个卯日	捉鱼、踩芦笙、斗牛等	3—5 天，体育活动 5 天左右

近年来，由于镇里许多青年人外出打工，节日活动的主体减少，以前的一些民俗节日至今已开始逐渐消失和淡化，其节日活动的开展主要以民间自发组织为主，节日的氛围也逐渐消失，如祭桥节、吃新节等。

(二)主体与地点

作为民俗节日，它是整个族群共同约定的日子，在长期的社会生活当中逐渐增加和丰富其内容而形成，民俗节日的形成原因复杂，有由于祭祀发展起来的，有在日常生活和生产中自然发展起来的，有在文化娱乐活动和社交活动中产生的，也有由于纪念性活动而产生的，等等，总之，与该族群传统和民俗具有密切关系。自然在民俗节日当中就有其约定俗成的规范，在许多民俗节日中，几乎是男女老少全部参与，年纪最大的达八十多岁，一般只要身体健康状况允许，基本都会来参与，年纪最小的从三四岁开始，父母就带其参加各种民俗活动。在施洞镇有两个节日对于参与的主体有传统的习俗规定和一定的禁忌：一是独木龙舟节，在施洞镇，龙舟节被称为男人的节日，女人是不准登上龙舟的。传说女人上了龙舟就不吉利，这一习俗作为一种严厉的禁忌一直保持至今。目前，龙舟竞渡已经演绎成了单独龙舟节，在龙舟节中已增加了许多其他的文化娱乐活动，女子是可以参加龙舟节的其他活动的，比如踩鼓、跳芦笙等。另外一个是姊妹节，在施洞镇被称为女人的节日，主要是女人参加各种活动，男人主要是观看或者服务，而现在姊妹节作为一种节日，增加了许多内容，如划龙舟、散打等，因此男人也开始参加这个以女人为主体的节日。在当地这两个节日被称为一阴一阳，一男一女，代表着阴阳协调，男女和谐，天地和谐的意思。

在施洞镇的民俗节日中，各种体育活动和其他文化活动的地点主要根据项目的特点而确定，主要的场所是各个村寨的踩鼓场和施洞镇码头集市场。到目前为止，在施洞镇除了巴拉河村之外，各个村寨都有自己的踩鼓场，踩鼓场是各个村寨举行各种活动的主要场所。据当地村民说：以前许多村寨没有踩鼓场，村寨的人们没有集体活动的地方，只有去其他村寨看别人的表演(他们一般不参加其他村寨的活动，怕被其他村寨瞧不起)，唯一愿意参加的是政府统一组织的活动，因而没有踩鼓场的村寨都一直期望能修一个踩鼓场，再加上近几年来旅游事业的迅速发展，到施洞镇的游客较多，没有踩鼓场就不能举行民俗风情和民俗文化的展演，外面的游客自然而然就不会到你的村寨来，没有游客就会缺少很多经济收入。”其他有些节日体育活动场地与项目关系密切，一般具有项目特征，如划龙舟、斗牛、斗鸡、斗鸟等。每年的独木龙舟竞渡都在清水江流域举行，比赛时选择的河段要根据每年的水势状况和参观的便捷性而定，一般政府举办的是在施洞大码头和塘龙(地名)一带，由各个村寨举行的独木龙舟比赛主要是在靠近本村寨的河段举行；斗牛一般有几个固定地点，主要在施洞镇。斗牛场用简易的树木在田间临时搭建而成，没有专门修建的斗牛场；斗鸟、斗鸡一般由举办的村寨确定地点，场地简单，临时搭建；各种活动的举办地点主要是看举办村寨，一般各种比赛都是在各个举办村寨进行，以方便本村寨的人们观赏。

图 4-7　施洞斗牛场

图 4-8　施洞芳寨踩鼓场

(三)内容与过程

施洞镇民俗节日较多，民俗节日是施洞镇当地人参与体育活动的主要方式，民俗节日中的体育活动主要有：划龙舟、篮球、踩鼓、跳芦笙、斗牛、斗狗、斗鸡、舞龙嘘花、舞狮、跳花灯、捕鱼、爬山、女子篮球、拔河、长跑、接力赛、游方等，见表 3-6。

各种活动的举办主要以村寨和协会自发组织、管理为主，政府一般极少参与，仅起协调、安全保卫的作用。近两年政府开始出面组织管理姊妹节和龙舟节，其他各种节日活动以村寨组织为主，每到各种节日之前，都要在施洞镇赶集前贴出海报，以便人们主动参加和观赏，近几年来，政府充分利用互联网的优势，每年有关姊妹节的相关信息通过互联网向世界发布。

在各种民俗节日活动中，具体组织各种活动的人员主要有三种：一是村寨里的领导组织管理，比如杨家寨的姊妹节，主要由杨家寨村委会组织管理；二是协会成员管理，如施洞龙舟协会负责组织管理施洞镇的龙舟比赛；三是村里的中青年人自发组织管理，如各村寨的篮球赛、斗鸡、斗狗、斗牛等，施洞镇的中青年人多数在外打工或者在外读书，但是一到各种大型节日，他们必定从各地赶回来参加观赏、比赛或者组织各种活动。一般龙舟节、姊妹节和春节多数都要回来，包括在当地长大、在外地成家立业的施洞人，据巴拉河村支书和主任估计，每年龙舟节时 90％以上的巴拉河村人都会回来，包括在上海、广东、江苏、浙江一带打工的年轻人。

图 4-9　施洞镇民俗节日海报

各种民俗民间活动经费主要以民间募集为主，政府仅在龙舟节和姊妹节有一定经费投入。各种活动经费的募集一般有两种方式：一种是，各个村寨在节日前如果要举行什么活动，那么首先要征求村寨多数人的意见，如果大家同意，那么就成立专门组委会，然后开始募集经费。经费以个人和家庭两种形式捐献，一般没有具体数目，有的村寨根据各家各户或者个人经济收入情况有一定要求，比如在外打工者最低需捐资多少。有正式工作者需捐资多少等等。一般没有明确和强行要求，但是每次活动的捐资情况都会在活动地点张贴公布；另外一种是向有关单位和部门募集，如当地政府、学校、各种公私单位等。募集经费的使用主要有两种途径，一是作为奖金发放；一是组委会基本物品的购买，如奖品、奖旗和比赛所需用品，所有组织管理人员都是义务参与，不收取任何报酬。

(1)春节

苗族与汉族交往时间较长，随着苗族和汉族文化的交流和互动，两种文化已经开始相互渗透和融合，汉族的春节也已经成为了苗族的一个重要节庆日。而且在施洞镇，春节是苗族一个非常盛大和隆重的节日，也是全年中人口最集中的时间。在春节期间，外出打工者纷纷返乡，一般外出打工者从年前一周左右就陆续返乡，春节一直持续到正月十五才算结束，二十多天的时间是他们走亲访友，开展各种活动、聚会联络感情的时间。外出打工的年轻人回来后便聚集在一起，他们除了打打麻将和扑克牌小赌一下，多数人是忙于准备组织一些节日活动。

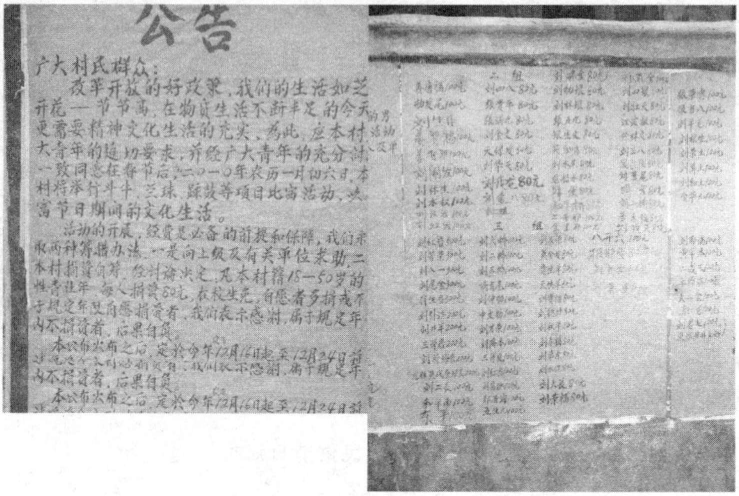

图 4-10　施洞镇民俗节日资金募集方式

从正月初三、初四开始，各个村寨便开始组织自己村寨的各种活动，春节的体育活动主要包括：斗牛、踩鼓、跳芦笙、舞龙嘘花、舞狮、跳花灯、男子篮球赛、女子篮球、接力赛、拔河、象棋等。各个村寨每年举行的活动项目大致相同，已基本形成传统，所以各个村寨的活动项目基本不会重合，如果活动经费无法募集，则举行的活动会相对较少，所以一般经济条件稍差的村寨举办活动数目较少，比如巴拉河村，其举办的活动基本局限于本村之人参加，基本没有举行过大型娱乐活动；经常举行活动的实属经济条件相对较好的芳寨、偏寨、报效村、小河村、杨家寨等。村寨的各种活动几乎全由中青年组织管理，各种活动的经费都是各村各寨向各家各户募集，主要采取自愿捐款形式，或者向政府部门或有关单位募集部分筹资。春节的各种活动一般会持续到正月十五，由于举行活动的村寨较多，各个活动时间都是重合的，人们在这段时间除了走亲戚之外，几乎不干任何农活，主要是去各村各寨去“看热闹”、观赏和参加娱乐活动。

施洞镇苗族有一种特别风俗，一般在正月十三、十四，一直到正月十五有舞龙、舞狮、跳花灯拜年的节目，这种拜年的方式是各村寨自己组织舞龙队、舞狮队和花灯队，在正月十四、十五傍晚时开始去各个单位、商铺或者个人家门前(一般是在施洞街上)简单表演舞龙、舞狮和跳花灯，各单位和商铺或者个人要准备好“红包”和酒，拜年的队伍来了，要给拜年的每个人敬一杯酒，喝酒人对着主人家说一些祝福语，“红包”中的礼钱三元、五元、十元、五十元不等，各个队得到了这些钱之后，一部分用于明年舞龙、舞狮、花灯设施的修缮和补充，一部分用于“打平伙”[①]。这种拜年活动在某些村寨也会举行。

巴拉河村2009年春节的一天

2009年春节，巴拉河村的十多个外出打工青年回来，在正月初一，把过去村里已经损坏的“狮头”简单修缮一下，所有人用锅灰化上妆，有的人舞狮、有的人敲锣，有的人跳舞，挨家挨户“拜年”，正如《毛诗序》所讲：“情动于中而行于言，言之不足故嗟叹之；嗟叹之不足故咏歌之；咏歌之不足；不知手之舞之足之蹈之也”，场面甚是感人。到了每家，家里都会给一定的“红包”礼钱，五元、十元、五十元、一百元不等，全村人募集了两千多元，下午便买好酒菜，买了一头猪，地点是正在修建的踩鼓场，全村人杀猪做菜“打平伙”。全村男女老少，边吃边跳，有的踩鼓、有的跳舞、有的唱歌，从下午一直持续到晚上十一二点，大家才意犹未尽地散去。

这就是农村体育，少数民族体育，娱乐方式之简单，效果之好，不得不让人感慨。

(2)姊妹节

苗族姊妹节，苗语叫“浓嘎良”，它以苗族青年女子为中心，以邀约情人一起游方对歌、吃姊妹饭、跳芦笙木鼓舞、互赠信物、订立婚约等为主要活动内容。它被喻为“藏在花蕊里的节日”，被称为东方最古老的情人节。关于姊妹节起源的传说很多，但其内容都是反映苗族青年男女谈情说爱的恋爱节日。其中流传最广的是《姊妹节歌》的传说。

姊妹节的传说

相传，有两个姨妈的子女，女的叫阿姣，男的叫金丹。他们从小青梅竹马，两小无猜，长大后，彼此产生了爱情，金丹一定要娶阿姣，阿姣也非金丹不嫁，却遭到父母及族人的反对。阿姣的父母要让她嫁回舅家(旧时苗家习俗称还娘头)。阿姣不愿嫁回舅家，一定要嫁金丹；金丹也不愿娶别人，一直在等着阿姣。他们为了忠贞的爱情，每天都偷偷约会。因怕父母和寨老发现，他们俩相

---

① 打平伙，是通过一定的形式募集一些钱，大家用这些钱买酒、买肉、买菜，然后一起做饭，做好后全村寨人一起同吃，当地人叫打平伙。

约在野外谈情说爱。每次，阿姣都用她装针线的竹篮偷偷地藏着饭带去给金丹吃。年复一年，经过一番磨难和顽强不屈的抗争，他俩终于结成了夫妻。于是便有了“姊妹饭”的典故，即苗语叫带给情人吃的食物为“藏饭”，汉语意译为“姊妹”。

后来，不知过了多少年，传说台江县施洞地区有八百个姑娘因找不到男友而嫁不出去，三丙大塘地方有八百个青年男子，也因找不到媳妇而单身。老年人们想起了阿姣、金丹“姊妹饭”的故事，于是教姑娘们用阿姣、金丹的办法，把三丙大塘八百个青年男子邀请来吃“姊妹饭”，使三丙大塘和施洞女子相会，并寻找自己的意中人。这样，人人都找到了自己的意中人，结成了美好眷属。从此以后，吃“姊妹饭”就演变为以青年男女间相会选择情侣为主要内容的节日活动。

苗族男女青年仰慕阿姣和金丹对爱情的执著，纷纷仿效他们上坡相会，姊妹节也由此而来。苗族聚居的地区过去都过姊妹节，如今大部分地区已失传，唯有台江县还完整地保留着这一习俗。

姊妹节是台江县老屯乡和施洞镇一带的传统节日，尽管苗族各支系时间不一样，但大致都在正月至五月之间。台江县最具代表性和影响力的是施洞镇的姊妹节，时间在每年的农历三月十五到十七。其主要内容有游方、对歌、吃姊妹饭、跳芦笙、斗牛、斗鸟、踩鼓、订立婚约等，被称为“最古老的东方情人节”。①

施洞镇是姊妹节的发源地，姊妹节最初是在施洞镇举行，1998 年台江县为了开拓旅游事业，打造民族文化旅游，县政府确定把农历三月十四作为姊妹节的开幕式，运用政府权力把姊妹节迁移到台江县城，在县城打造姊妹节，把姊妹节设为两个区，台江县城是第一区，施洞镇和老屯乡为第二区。2010 年台江县姊妹节命名为：“多彩贵州”第二届民族体育旅游节暨第十二届贵州苗族姊妹节，开始实现了民族风情旅游与体育的结合。2010 年，在施洞镇姊妹节的体育活动主要有：千人踩鼓和千人盛装踩鼓、斗鸟、盛装游行等，与施洞镇相邻的老屯乡还有龙舟表演和体验、捞鱼虾表演和体验、篝火踩鼓等，其他都是一些其他民俗文化活动的内容。由于政府主要打造台江县城，县城姊妹节的活动内容越来越丰富，而施洞镇的内容开始减少，如以前的球赛、斗牛等内容现在都不举行了。

① 申茂平等．贵州非物质文化遗产研究[M]．北京：知识产权出版社，2009：209.

“多彩贵州”第二届贵州民族体育旅游节暨
2010年贵州苗族姊妹节活动日程表(第一节区)

时间			活动内容	地点	
2010年4月26日	全天	12:00-17:00	省直机关干部户外运动培训	县政协会议室	县城
2010年4月27日(农历三月十四日)星期二	上午	9:00-10:00	大型民族盛装游演	秀眉广场至台江民中	县城
		10:00-12:00	体育旅游节暨姊妹节开幕式	台江民中	
			“多情姊妹盛妆台江”歌舞表演		
	下午	14:30-16:00	“五彩云霞”大型民族服饰展演	秀眉广场	
			招商引资项目推介会	县政府会议室	
		13:00-17:00	独木龙舟竞渡演示	新大桥至风雨桥	
		12:00-18:00	牛王争霸赛(B组)	老大桥河沙坝	
		15:00	红阳草场风电项目风机试运行仪式及招商引资签字仪式	红阳万亩草场	南宫森林公园
	晚上	20:00-23:00	舞龙嘘花狂欢夜	丁字路口至大灯塔	县城
	全天	8:30-17:00	民族民间旅游工艺品展销	望江楼对面	
2010年4月28日(农历三月十五日)星期三	全天	8:30-15:30	省直机关干部户外徒步体验	红阳村寨	红阳
		8:30-17:00	民族民间旅游工艺品展销	望江楼对面	县城
			•独木龙舟体验	新大桥至风雨桥	
			•斗鸡、斗狗	张家大坝	
			斗鸟	郎等坡	
			•体验翁密河漂流	翁密河	南宫森林公园
			•体验苗家乐及原生态民族文化	红寨	
		12:00-18:00	牛王争霸赛（C组）	老大桥河沙坝	县城
	下午	14:00-17:00	“游方场上见分晓”情歌对唱	河滨花园内	
	晚上	20:30-22:30	姊妹情深文艺晚会	秀眉广场	
2010年4月29日(农历三月十六日)星期四	全天	8:30-17:00	民族民间旅游工艺品展销	望江楼对面	县城
			•独木龙舟体验	新大桥至风雨桥	
			•斗鸡、斗狗	张家大坝	
			斗鸟	郎等坡	
			•体验翁密河漂流	翁密河	南宫
		12:00-18:00	牛王争霸赛（A组）	老大桥河沙坝	县城
	上午	8:30-12:00	千人踩鼓跳笙活动	秀眉广场	
	晚上	20:00-23:00	翁你河两岸自发情歌对唱	河滨公园	
2010年4月30日(农历三月十七日)星期五	全天	8:30-17:00	民族民间旅游工艺品展销	望江楼对面	县城
			•独木龙舟体验	新大桥至风雨桥	
			•体验翁密河漂流	翁密河	南宫
	晚上	20:30-22:30	狂欢之夜—篝火晚会	秀眉广场	县城
		20:00-23:00	翁你河两岸自发情歌对唱	河滨公园	

注：前面标有“•”的是收费项目，详情请访问姊妹节网站：http://www.tjzmj.com/

“多彩贵州”第二届贵州民族体育旅游节暨
2010年贵州苗族姊妹节活动日程表(第二节区)

时间			活动内容	地点	
2010年4月28日(农历三月十五日)星期三	上午	9:00-11:00	拦门酒	老屯、岩脚	老屯乡
		9:30-11:30	苗族舞蹈比赛	知行小学	
	全天	9:00-17:30	参观姊妹坡、神龟庙、古屯堡建筑等	老屯、白土村	
		11:30之后	•苗家乐	老屯、岩脚、榕山、长滩	
	中午	12:00-13:30	•千人长桌姊妹宴	长滩	
	下午	13:00-15:30	老庚捞鱼虾习俗演示	姊妹广场旁水田	
			•老庚捞鱼虾习俗体验		
		13:00-18:00	盛装踩鼓、飞歌演唱	姊妹广场	
		13:00-17:00	参观刺绣、剪纸、织布、锤布等演示	岩脚村公路沿线、球场	
		14:00-16:00	百名苗女现场刺绣比赛	岩脚村球场	
		14:00-17:00	独木龙舟演示	长滩	
			•独木龙舟体验		
	晚上	20:00-22:30	篝火踩鼓	姊妹广场	
		20:00-22:00	情人对歌、讨姊妹饭	老屯、岩脚、榕山	
		20:00之后	自由游方	老屯乡附近村寨	
2010年4月29日(农历三月十六日)星期四	上午	9:30-11:00	拦门酒	杨家寨、白子坪	施洞镇
		9:00-17:30	民族工艺制作演示及展销	塘龙	
		10:00-12:00	能工巧匠技能大赛	塘龙踩鼓场	
		10:30-11:30	苗族婚俗演示	芳寨	
		11:30-12:30	•苗家乐、长桌宴	偏寨、芳寨、白子坪、塘坝、街上	
	下午	13:00-15:00	盛装游行	芳寨至偏寨	
		15:00-17:30	千人踩鼓	杨家寨河边	
		18:00-20:00	•苗家乐	偏寨等	
		20:00-23:00	清水江之夜及游方、情歌对唱	施洞大码头	
2010年4月30日(农历三月十七日)星期五	上午	9:30-11:30	施洞工艺品展销	塘坝	施洞镇
		10:00-12:00	“银装素裹”苗女梳妆大赛	塘龙	
		12:00-14:00	•农家乐	塘坝等	
	下午	13:00-18:00	斗鸟	球场坝	
		15:00-17:00	千人苗族盛装踩鼓	偏寨	
		18:00-20:00	•苗家乐、长桌宴	偏寨、芳寨、白子坪、塘坝、街上	

注：前面标有“•”的是收费项目，详情请访问姊妹节网站：http://www.tjzmj.com/

图 4-11　2010 年台江县姊妹节活动

施洞镇的姊妹节活动的开展主要以政府宏观组织、管理为主，活动的安排、内容的设计等都属政府统筹，同时兼顾民间习俗。据施洞镇龙镇长介绍，以前施洞镇姊妹节的举办主要是民间出资为主，从 2010 年开始，政府开始适当投入一定经费，如对参加盛装游行和千人踩鼓的村寨，每队按 200 元发放酬劳，在一定意义上刺激了大家参与的积极性，所以 2010 年踩鼓和盛装游行的队伍一下增加了七八支。

(3)其他民俗节日

施洞镇的其他民俗节日已经明显开始淡化，传统的意义已经开始消失，其中的体育活动内容也开始减少，到目前为止，仅有龙舟节和姊妹节还是施洞苗族的综合性大型民俗节日。

案例 3：施洞苗族斗牛

苗族的斗牛与西方斗牛不同，西方斗牛是人与牛斗，苗族斗牛则是牛与牛斗，它是苗族人民竞技娱乐项目之一。人们在斗牛比赛中的参与程度较高，包括裁判员、牛主、牵拉员、观众等参与，它是介于体育与文化娱乐之间的一种活动，具备了苗族传统体育的参与性和娱乐性，本研究将其作为苗族传统体育内容之一或者是从体育的视角进行考察。

牛自古与苗族人民生产和生活密不可分，从居所建设到生活用品，房屋的牛角装饰、牛角酒、牛角梳等，无一不融入苗族人民的生活中，"牛文化"是苗族文化中的一个重要内容。斗牛文化的起源可能与苗族的图腾崇拜有关，史书曾记载："蚩尤有角，牛首人身"。苗族崇拜牛，把它作为一种图腾进行崇拜。在历史上，一般对于图腾崇拜的图腾采取两种方式，一是神圣不可亵渎的圣物，另一种是将图腾当做"集体的圣餐"，大家分吃，把其力量转移到每个氏族成员当中，而苗族就属于后一种。① 在黔东南自治州各地的苗族，在逢年过节，当地老百姓都会自发组织斗牛活动。在施洞镇，一般在各种民俗节日时，都会组织斗牛比赛，是当地老百姓节日活动中不可缺少的一个娱乐活动项目。

近几年来，由于台江县政府大力发展旅游事业，把许多民俗活动转移到县城附近，施洞镇的斗牛活动逐渐减少了，一般都在春节期间组织，但大牛、中牛、小牛各个级别的比赛几十场，也要持续好几天。施洞镇的斗牛一般在施洞街后的天中，在低陷的几块田间，用简单木桩和塑料布围成一个斗牛场，周围较高的地势以供观众观赏。

图 4-12 施洞斗牛场

图 4-13 施洞斗牛

斗牛活动由各个村寨自发组织，经费以村寨为单位，采用民间集资的方式，每家每户或者每个人出多少，一般根据个人或者家庭的经济状况自愿出资，经费的使用主要用于设立奖金和购买比赛的奖旗及组织比赛所用的相关器物，组

① 吴德海．东方斗牛文化[M]．香港新新出版公司，2008：22—23.

织者为自发、自愿，不领取任何报酬。奖金数额一般在1000～2000元，根据每次比赛情况而定。

在斗牛之前，各村寨有“接姑妈”的习俗。在当地村寨长大的苗族女子，成年结婚后，嫁到本村寨之外，村寨的人称她们叫“姑妈”。当举行斗牛之前，某个家族或者村寨有牛参加，那么这个村寨的姑妈们就会带着礼钱或者礼品（礼品主要是鸡、鸭、鹅等，一般最少两只以上，礼钱50元、100元、200元不等，看送者的情况），以及红布、酒和鞭炮，到村寨的牛主人那里，送上礼钱或者礼品，放一串鞭炮，把红布挂在牛角上，给牛主人倒上酒，牛主人喝完酒，对前来送礼的姑妈说几句感谢的话和祝福语。

在当地，斗牛代表的是一个家族，或者代表一个村寨。斗牛比赛结束之后，如果某个家族或者某个村寨的牛获胜了，家族或村寨的人们，特别是牛主人，将感到无比的光荣和荣耀，他们会放鞭炮庆祝，会牵着牛，拿着奖旗或者把奖旗挂在牛身上四处炫耀，表示牛主人厉害，昭示着家族的强大或者村寨强大。如果比赛输了，牛主人会感到十分难过，有的甚至会把牛卖掉或者杀掉“打平伙”。不管输赢，各家族或者各村寨把比赛所得的各种礼品，鸡、鸭、猪等杀掉，再加上所得的礼钱和比赛所得的奖金，（如果钱不够，家族或者村寨会再出一部分）置办酒宴，全村老少一起“打平伙”，答谢“姑妈”。

笔者在调查中得知，以前的斗牛比赛没有奖金，只有奖旗，大家一样积极踊跃参加，形成了一个良好传统。近几年，在施洞的斗牛比赛中增加了一定的奖金，也刺激了大家参与的热情和积极性，但是反而对斗牛产生了一定的负面影响，许多牛主逐渐开始看哪里奖金多就去哪里斗，在一定程度上影响了斗牛的发展。近几年黔东南州和台江县开发民族文化旅游，打造“生态斗牛文化”，造就了许多“职业斗牛”人，他们选牛、买牛，甚至出现专门职业训练，以斗牛为职业，他们斗牛一般奖金要到1万～2万元的奖金才参与，有许多“牛王”甚至需要出场费，他们已经失去了斗牛的原本文化意义和内涵，许多像“接姑妈”、“打平伙”的文化习俗都已经消失。施洞镇的斗牛的原生态文化保

图 4-14　笔者对牛主访谈

持较为完整，笔者通过访谈得知，他们参加斗牛有几个目的：第一，通过这种活动形式使家族和村寨的人们聚集在一起，增加交流，增进情感；第二，通过斗牛能提高牛主或者家族、村寨的威望，因为获奖的牛和牛主人，包括家族和村寨在当地都受人尊重；第三，参加斗牛是为“玩耍”、娱乐，让其他人与他们一起娱乐、过节。对于奖旗和名次他们非常看重，对于奖金，笔者访谈了15个牛主人，他们一致的看法是：“没有钱我们也要来参加，当然有钱会更好一点。”

（四）目的与结果

苗族民俗节日是苗族文化的一种传统习俗，苗族传统节日中的许多文化娱乐活动，包括苗族体育，多起源日常生活娱乐与宗教祭祀，已有资料表明：汉族节日与农事生产结合十分紧密，而苗族节日则多为娱乐性质。[①] 而在现代化进程中，人们对于祭祀的目的已经逐渐淡化，他们遵循民俗习惯仅是认同一个大家都相互认同的时间，在这些共同认可的节日体育活动中联络感情、娱乐玩耍、放松休闲，增加凝聚力。

在这些节日中，有一些奇怪的现象是，各个村寨为了使节日活动更加丰富多彩，增加了一些现代体育活动项目，如拔河、接力赛、长跑、篮球等，这些项目的观众寥寥无几，无人问津，似乎是事与愿违。县政府尽管把姊妹节开幕式迁移到了县城，而且县城的活动内容比施洞镇的要丰富得多，县城中也有独木龙舟表演，也有形式上的“接龙”，而旅游的人们似乎不受他们的影响，独木龙舟一定到施洞镇。姊妹节开幕式结束之后，尽管县城还有各种丰富的文化娱乐活动内容，但大部分的旅游者都会赶去参加施洞的姊妹节。

二、现实的解释

（一）当地人的观点

我们苗族有优秀的民族文化，几千年来我们的祖辈、父辈一直在延续这种生活，我们是苗族，苗族就要有苗族自己的活动，各种活动我们都愿意参加，而且要把许多活动继续下去。在外面打工其实是非常辛苦的事情，每年我们难得回家，难得和家里的人相聚，回到家乡之后，许多长时间不见的亲戚朋友都可以相见，大家组织一些活动，一起做“玩意”、打个“平伙”，联络一下感情，

---

① 陶立璠．民俗学[M]．北京：学苑出版社，2003：250．

如果不组织这些活动，大家回来也没有意思。你组织了各种活动，别的人就会到你的寨子里来玩，我们在各种节日中才有“看头”，过节嘛，应该是大家放松、玩耍，不做事的日子，我们当然需要组织各种活动，大家都来参加才好玩。

另外，当地人十分热衷于各种民俗节日，其中一个重要的原因是在各种民俗节日中，越来越多的游客来了，他们在那里度过三天到五天，吃的、住的都能给他们带来一定的经济收益，这是他们非常乐于接受的一件好事。用他们的话来讲：“我们的节日多啦，我们把节日办好，他们喜欢我们的节日，来我们这里玩耍的人就会多一些，每年他们到我们这里来吃、住时都可以收一些钱，也可以把我们的一些刺绣呀、银饰呀卖给他们，不然平时我们也挣不到钱。”

(二)我的见解

现代化进程的加快，导致了施洞镇社会结构的改变，多数人走出了当地，见到了外面的世界，受到了外来文化的影响，他们的思维方式、价值观发生了变化，对于一些祖辈留下了的东西不再是唯命是从，他们开始思考、对比和判别，开始对祖辈遗留下来的习俗进行不自觉的选择，但是他们由于种种原因，缺乏科学的判别标准，仅仅凭借生活中的一些直观感受，而对于施洞人的最直观的感受莫过于物质世界和经济发展水平这两个标准，这正是许多民俗事象的产生而证明的：经济基础对民俗的产生，起着决定作用。因此人们顾不了祖辈遗留下来的东西，而是远走他乡，谋求对于生活的改善，生活的压力让他们只能尽可能地少回乡。所以，现在许多民俗节日和节日中的许多活动他们也无法参加，长期下来，由于节日的氛围降低，自然许多节日开始逐渐失去了意义，民俗节日相对减少，而一些民俗文化活动自然也被浓缩到几个重要而大型的民俗节日当中了。

长期的背井离乡，加上社会信息化的加快，他们不仅在外有直观感受，而且足不出户也能了解外面的世界，物质上的落后刺激着他们，再加上社会对于少数民族“落后”的“标签”，他们在现代社会中承受着较大的身体、心理和精神的压力。而文化调控使人们达到精神和身体的平衡以及生活的张弛有致，从而从生理和心理上得到文化认同的轻松感。在施洞镇人们的社会生活中，苗族的各种优秀文化丰富多彩，他们曾经耳濡目染，这些娱乐的方式完全融入他们之中。习俗所规定的节日，是大家认同的时间，他们组织并参加民俗活动，运用各种体育活动方式，使他们能在艰苦的日子里有了奔头，紧张的生活得到松弛，他们运用一些体育的、非体育的身体活动方式，来获取精神上的补偿和情感上的宣泄。

传统决定着每一个人的行为规范、价值观念和道德伦理，人们生活于传统

图 4-15　习俗教育

的巨大影响之下，是因为传统通过文化流淌于每一个人的“血液”之中。传统是一个族群千百年来文化的积淀，一个族群没有传统，没有传统的族群就没有灵魂，必将在现实中迷失自我。[①] 民俗是传统文化的重要内容，施洞镇苗族节日当中的体育活动相对保持较为完整，如苗族独木龙舟、苗族的斗牛等，传统的烙印已深入人心，从他们出生开始，在他们的骨子里就已经承载了这些民族的精神追求，而正是通过这些丰富民俗节日当中的各种民俗文化活动，不停地灌注，传统文化才能在每一个人的“血液”中流淌。当然，随着现代化进程的加快以及各种不同文化的影响，施洞镇的许多苗族传统体育活动已经失去了它原本的意义，但它们的形式并没有发生改变。正如许多其他民俗活动一样，即使人们在传承中忘却了原初的意义，但仍能保持其独有的生活方式，那些活动在异化中失去了原初含义，但旧有的形式并没有变，而这种形式仍然是生活中必不可少的一部分，原因在于传统所形成的这种生活方式总是很少被人忘记或舍去。[②] 各种民俗节日，反复地强化与刺激，许多传统不是消失了，反而是被加深了印象。

施洞镇苗族体育发展至今，各种民俗节日起着至关重要的作用。如果连这些民俗节日和节日中的各种体育活动都消失了，那么可能苗族也快“消失掉”了，因为失去了苗族的根本就不能称为苗族了。然而一个重要的信息是我们必须注意到的，施洞苗族民俗节日中，已经开始出现了经济利益驱使下的“文化异化”，在台江县城和其他地区的这种“文化异化”相对更加明显，施洞镇能吸引众多的中外游客，并不是这里的旅游设施完备、服务好、风景秀丽，而恰恰这里与县城和其他地区相比正是它的弱项，吸引了世界各地的人们的是其独有的文化。笔者在调查中访谈了 6 位外国友人，他们的词汇提到最多的是“culture”、“original”和“perfect”，在对 30 多位省内外游客的提问访谈中(你到这里最想看到什么?)，所得词汇频率较高的分别是“民族风情”、“苗族文化”、“姊妹节”、“龙舟

① 陈华文．文化学概论[M]. 上海：上海文艺出版社，2001：3.
② 同上，82.

节”，而在进一步的访谈中得知，这些“文化旅游者”希望看到的是原生态的文化，即真实的、真正的文化，台江县城的文化尽管有苗族文化的形式，但不是真正的原生态，所以多数到达台江县的游客，都要到施洞镇目睹一番真正的“苗族文化”。

现代化的进程中，民族地区的旅游事业蒸蒸日上，而民族文化旅游的根本在于“真实的”文化，而不是被经济利益驱使的“异化”文化，许多地区为了迎合游客的“胃口”，想当然认为游客喜欢某种形式，于是对原来的文化进行修改，变成了“外地人”的文化，殊不知游客更渴望看到原生态的真实文化，而不是改变过的“异化”文化，即使当时他们并不知道，后来所得到的这种“欺骗”一旦被了解，以后他们并不会上当，而且也不会让他们的“友人”上当了。

第五节 典型案例考察

一、苗族独木龙舟

龙舟竞渡，苗语称“掐仰勇”(Qiab Niangx Vongx)，是位于清水江及巴拉河沿岸，台江县(施洞镇)和施秉县两县交界河段，几十家苗族村寨共同举行的一种独有的体育活动。苗族的独木龙舟，不管是制作还是文化底蕴皆与世界上其他龙舟不同，它是世界上独一无二的龙舟。苗族独木龙舟节历史悠久，据清乾隆徐家干《苗疆闻见录》记载：“(苗人)好斗龙舟，岁以五月二十日为端节，竞渡于清江宽深之处。其舟以大整木刳成，中能容二三十人，短桡激水，行走如飞。”清《镇远府志》也记载：“清江苗人于五月二十五日作龙舟戏，形制诡异，以大树挖槽为舟，两树并合而成。”①②

独木龙舟节历来以台江县施洞口(今施洞镇)的苗族独木龙舟节最为盛大和有名，在清水江沿岸各村寨都有专门停放龙舟的龙舟棚，以待节日期间下水。在“文化大革命”期间，由于“破四旧”活动，各村寨龙舟和龙舟棚受到较大损坏，如今已基本恢复，各村寨至少有一只到两只龙舟。独木龙舟由三根大整木组成，一长两短，中间母舟长21—24米，两边子舟长15米左右，龙头由水柳木雕刻而成，龙头由各种图案，嘴含龙珠，龙头两边装一对牛角。传统龙舟的母舟由

① 转引自杨培春等《中华龙舟文化研究》. 贵州民族出版社，1991.
② 杨培春等. 中华龙舟文化研究[M]. 贵阳：贵州民族出版社，1991：235.

图 4-16 笔者在巴拉河村龙舟上

一根完整杉木或枫木刳成，并用竹篾条将母舟和子舟并列捆绑而成，由于二十多米的树木难找，许多龙舟都是由多块树木黏合而成。根据在巴拉河村、小河村、杨家寨“龙头”的访谈得知，由整木制作的龙舟平衡性比拼合的要好，划起来要协调得多，速度比一般的也要快，但现在由于经费和树木砍伐，几乎找不到制作龙舟的整木了。据调查，施洞镇现有3条整木龙舟。每条龙舟大约能承载42人左右，上面包括“鼓头”、“锣手”、“撑篙”、“理事”、“艄公”各1人，“桡手”36人。据笔者调查得知，龙舟上除桡手之外，其余人数固定，桡手人数视龙舟大小而定。比赛时对于总人数没有规定，原因在于根据龙舟大小不一，划龙舟的桡手都有一个最佳人数匹配，人数多了，总重量大，划不快，人数少了，龙舟重了，也划不快，所以苗族独木龙舟对于人数并无要求。

苗族独木龙舟的文化习俗一直保持完整。在龙舟下水前，一般先由巫师进行祭祀，龙舟出发前，各寨在龙舟附近的河滩上放一张四方桌，桌上有一升米，米上点有三炷香，放一定的钱，巫师手提一只公鸡站在桌边念巫词，招集山神、树神、祖宗前来保佑龙舟平安比赛，平安回归。之后巫师用茅草沾上河水洒向龙舟并一刀把鸡杀死，比赛结束后，巫师又用同样的方法欢送山神、树神、祖宗。祭祀一般是祈求风调雨顺，国泰民安，祭祀祖先、龙舟和河神。划龙舟是男人的活动，女人是不准上龙舟的，如家中有坐月妇女，则全家不得接触龙舟，否则就有可能翻船、出事。[①] 另外，在当地，村寨之外的“外人”在划龙舟时不得上龙舟。[②] 独木龙舟分别在各个村寨先后举行，举行的时间根据划龙舟的起源所定(据巴拉河村“龙头”张大叔口述)：从前有一个叫保的人，带着儿子在江边打鱼，突然从深潭中跳出一条恶龙，将其儿子拖下水咬死，保为报仇，用火将龙烧死，此后大雾弥漫，接连九天大雨磅礴，正好有妇女摸黑在江边洗衣服，其小孩在江边玩耍，用木棒敲打出“咚咚哆，咚咚哆”的声音，顿时云开雾散，

① 余未人．苗人的灵魂：台江苗族文化空间[M]．哈尔滨：黑龙江人民出版社，2005：46—48.

② 笔者在巴拉河村居住较长时间，与村民结下深厚情感，村民已把笔者视为自己人，2009年独木龙舟节时，笔者被作为“当地人”特邀上龙舟。

天气转好，江面上浮出一条花花绿绿的恶龙，人们便开始抢割龙肉，胜秉发现最早，割得龙头，平寨得龙颈，塘龙得龙身，榕山得龙腰，芳寨得龙尾，杨家寨去得最晚，仅得一些肠子，因此杨家寨的龙舟就涂成深绿色，俗称青龙。人们割龙肉当天晚上，恶龙托梦给人们，要他们用树恢复它的样子，在清水江上划几天，以便它兴云作雨，让人们风调雨顺，五谷丰登。后来人们便按得龙肉的时间举行划龙舟，胜秉得龙头，排在五月初五，平寨排初六，因五月初五正值农忙，改在五月二十五、平寨二十四、塘龙二十五、榕山二十六、芳寨二十七，次年恰逢干旱，大家认为是改变了日期所致，因此商议胜秉和平兆在五月初五划一天就停下了，到了五月二十五再划。[①②③]

施洞独木龙舟节的组织机构是施洞镇龙舟协会，龙舟协会的成员由各村寨的"龙头"[④]和部分其他成员组成，但近几年来由于龙舟协会的主席是芳寨人，多数成员为芳寨人，而且还有好几个村寨的"龙头"不是龙舟协会的成员。笔者在2009年施洞镇苗族独木龙舟节作为龙舟竞赛裁判总负责人，从筹备、组织、实施全程参与。在规则制定上，近年来国际国内各种龙舟竞赛较多，也有一定的规则裁判法，其规则参照其他龙舟竞赛规则，但施洞镇龙舟竞渡的比赛规则主要是遵循民间习惯和习俗，比赛规则通过各村寨参赛队的"龙头"、龙舟协会成员及裁判组成员(贵州师范大学体育学院5名教师，台江县4名体育教师)共同协商制定，他们不愿采用严格的龙舟比赛规则，比赛主要采取分组单淘汰制，不许用计时按成绩淘汰。原因非常简单，当地人认为计时不公平，可能"掺假"，不信任裁判，他们喜欢采用直观评判方式，哪只龙舟在前哪只龙舟胜，尽管这一组胜出的成绩可能是所有龙舟的最后也能参加决赛，另外一组成绩可能是所有龙舟的第二好成绩也不能进入决赛，他们认为最为公正的方法是抽签法，当两组成绩较难判断时，抽签是最公平公正的，胜负在"运气"，能够得到大家的认可。航道为自然河流，水流急缓不一，起点在流动水中，哪怕起划不是同时也无所谓(差距不大的情况下)，主要看过程和终点。

独木龙舟比赛主要是各村寨通过村寨和政府部门、单位募集经费在各自村寨附近的河道举行，设奖金、奖旗，各村寨一般都踊跃参加，并不计较奖金，

---

① 李文明．贵州黔东南[M]. 北京：中国旅游出版社，2005：24—26.

② 余未人．苗人的灵魂：台江苗族文化空间[M]. 哈尔滨：黑龙江人民出版社，2005：46—48.

③ 杨培春等．中华龙舟文化研究[M]. 贵阳：贵州民族出版社，1991：235—236.

④ 龙头，是村寨里掌管划龙舟一切事物的人，由全村寨的人共同推举，一般在划龙舟方面很在行，德高望重，什么时候下水，什么时候祭祀等一切事务"龙头"具有绝对权威，全由"龙头"决定。

但对奖旗、名次格外计较。2009年，台江县投入5万元在施洞镇举行苗族独木龙舟节，政府投钱，政府介入，每只龙舟参加比赛发1000元，一等奖1680元(1名)，二等奖1480元(2名)，三等奖1080元(3名)，2009年参赛龙舟达23只之多。由于政府投资，以往有龙舟协会自己单独组织的格局被打破了，为了达到公平工作，裁判员全由非施洞镇人员参加。通过与当地老百姓交谈得知，以往比赛主要由龙舟协会组织，裁判等全由龙舟协会确定，由于龙舟协会的成员主要是芳寨的人，最近几年芳寨在比赛中都有不公平和不公正的现象，所以各村寨很不愿意参加镇里组织的龙舟赛，反而愿意参加其他寨子的比赛。在今年的比赛中，在三四名比赛中，芳寨又输给了每年的“宿敌”巴拉河村，裁判组当时还有专门摄像，而芳寨找出各种理由的状况下又不愿认输，导致整个比赛无法进行，最后镇里决定取相同名次比赛才得以平息。

这无疑说明了这样一个道理：一种民俗一旦它形成以后，便具有稳定性，许多民族对于新的方式并不接受，仍然愿意采用民间的习惯和做法，这说明其传统文化或者这种民俗在当地还具有强大的力量，使他们具有强烈延续其文化习惯或习俗的习惯，那么我们并不要急于求成，一定要尊重“当地人”的习俗和惯例，切忌用一种强硬的生搬硬套的方式来改变它，因为它还不具备这种改革的文化心理基础。

每年到了龙舟节的时候，打外地打工的年轻人、在外地工作的当地人、长大后结婚在外的妇女几乎都会回来参加龙舟节。据巴拉河村支书和村主任估计，每到龙舟节在外打工的年轻人90%以上都会回来参加龙舟比赛，甚至许多在上海、广东、江浙一带较远城市的年轻人都会请假回来，来去的车旅费都是自己“掏腰包”一般除了特别特殊的原因才不回来。笔者在对这些打工回来参加龙舟节的年轻人的访谈中了解到，他们回来参加龙舟比赛大致有几个原因，一是好玩，和大家联络联络感情，而且回来划龙舟已经是个传统，每年才能参加一次，所以一定要回来；二是为村寨“争面子”。据巴拉河村人说，每年巴拉河都是第一，如果人们都不回来，村子的比赛就会输掉。外出打工的年轻人回来划完龙舟又离开村子，开始他们的打工旅程。

独木龙舟比赛的当天之前，有一个“姑妈”“接龙”的习俗。在当地长大的女子，成年结婚后，嫁到本村寨之外，村寨的人称她们叫“姑妈”。龙舟比赛一般在下午开始，通常从早上十一二点开始龙舟祭祀和下水，然后各个村寨的龙舟回到一个相对固定的河段“接龙”，从外面赶回来的姑妈们带上各种礼品，有的送现金，有的送几只鸡鸭，有的送一头猪，并准备好酒和鞭炮，到了“接龙”的地方，送上礼品，然后给每个划龙舟的人倒一杯酒，喝酒人对“姑妈”们说一些感谢和祝福语言，然后把酒喝完，一边喝酒一边放鞭炮。在龙舟比赛完了之后，各村寨把比赛所得的各种礼品，鸡、鸭、猪等杀掉，再加上所得的礼钱和比赛所得的奖金，置办酒宴，全村老少一起“打平伙”，答谢“姑妈”。2009年，巴拉河村在当天比赛完了之后，在河边举行了盛大的酒宴，全村老少一起相互喝酒、唱歌、跳舞，人们哭哭笑笑，大吵大闹，以各种方式尽情娱乐、放松、发泄，喝醉了就睡在河边，想哭了就相拥而泣，一直玩到凌晨两点多。这才是苗族独木龙舟的魅力所在，人们不远万里赶回家乡，回到自己村寨，与自己的家人朋友一起尽情开心、尽情娱乐、尽情放松、尽情“放纵”，这是一种情感的抒发，一种人性的回归，一种生活的真谛，笔者田野调查时参与其中，许多东西非言辞可以表达。

施洞镇的独木龙舟节，除了龙舟竞渡之外，通常还有踩鼓、斗牛、游方等，现在已发展成一个以龙舟竞渡为主要内容的综合性民俗文化节日。一般许多村寨在龙舟比赛之后，会举行一些斗牛、斗鸟活动，到晚上还举行篝火舞会和苗族传统游方。近几年政府开发旅游事业，打造民族体育旅游文化，在龙舟节中增加了许多其他内容，如吃苗家饭，婚俗表演等一些其他民俗文化活动。政府的介入，既给独木龙舟带来了一些益处，但同时也带来了许多挑战。

一般除了龙舟节，平时是不准划龙舟的，近几年来政府开发旅游，打造民族体育旅游文化，在许多节日中，为了迎合游客的爱好，政府给一些村庄一定费用，要求他们进行龙舟竞渡表演。如台江县城的姊妹节，每年都邀请施洞镇村寨的龙舟进行表演，甚至施洞镇的龙舟应邀到贵阳红枫湖进行表演。政府的初衷和愿望是美好的，殊不知这种过度开发给苗族独木龙舟文化带来了巨大的破坏：第一，从经济上来说，原本的龙舟是一种自发自愿的行为，当他们出去表演之后获得了较大的经济收益，他们品尝到了这种表演所带来的“甜头”，逐步形成了一种心理定式，以至于现在要求他们在龙舟节的表演甚至需要一定的费用；第二，在离开当地的龙舟表演不可能再有“姑妈”“接龙”，不再有下水前的祭祀活动了，不再有舟中吃手抓饭了，不再有“打平伙”，这种独木龙舟的表演仅有龙舟的形，没有了“神”，失去了苗族独木龙舟文化的魂，失去了独木龙舟的精神，失去了世界独一无二的龙舟文化特色了。

二、苗族春节篮球赛

1891年篮球起源于美国，这个典型的现代西方体育项目在台江县施洞镇成为一个深受老百姓喜爱的项目，一个西方项目能在民族地区生根发芽，而且开展得十分“火爆”，两种不同的文化究竟是如何互动、交融的？这是施洞镇，也是整个台江县苗族体育发展的一个典型，笔者在施洞镇田野调查期间，专门对篮球进行了专题考察。

据《台江县志》记载，民国二十四年(1935年)，欧阳德凤等献工献料，在台江县立高等小学操场建简易篮板，开始了台江县篮球之史，民国二十五年(1936年)，在贵阳、镇远等地读书的台江籍学生将篮球运动带入了台江县城。[①] 篮球运动开始在台江县迅速发展，到1949年，全县已有篮球场9个，到1978年全县举行第三届篮球赛，参赛篮球队达28个，其中女队14个，到1990年末，全县共建篮球场212个。台江县的篮球是唯一一个在“文革”期间受影响不大的体育运动，并在“文革”期间建立国内著名“革东”女子篮球队。到目前为止，台江县篮球已成为各地老百姓非常喜爱的体育运动之一。

施洞镇的篮球赛一般是在各种节假日期间举行，以前在春节、姊妹节、中秋节、龙舟节等各种节日和学生放假中都开展篮球比赛，而且多有女子篮球比赛。从改革开放打工热潮开始，许多年轻人都外出打工，每年回家的次数不多，许多节日中的篮球赛开始减少，但春节是绝大多数人返乡的日子，人数回来得最多，所以春节里的篮球赛开展的越来越多，据不完全统计，施洞镇一半以上的村寨都会举行篮球赛，每年比赛场次近100场，每年从正月初二开始，一般持续到正月十三、十四左右。

施洞镇篮球赛通常是以村寨为单位组织比赛，具体组织管理主要是村寨里的年轻人为主，部分村干部或者村寨中一些篮球“权威”，每年七八个人组成篮球组织委员会即可。比赛经费的募集与节日中其他文化活动的来源一样，一是通过村寨里的人募集，一般采取自愿原则，以个人或者家庭为单位，有些村寨也有规定数额，但主要视个人或者各家各户的经济状况而定，一般不强制执行；另外一种自己募集的方式是向当地政府、各种单位或者各种商贩募集。经费的募集一般是节日的所有活动费用，当总的经费募集来之后，再分到各个项目中去，有时候有的村寨只举行篮球赛，就单独以篮球赛的名义募集经费。组织比赛的经费一般用于两种途径，第一是用于购买比赛用品，如奖旗、奖品、口哨、记录本、纸笔等，各种桌椅板凳均由村寨里组织；第二是作为比赛奖金使用。所有参加组织比赛的工作人员不领取任何报酬，全是自愿参加，而且他们以能

---

① 贵州省台江县志编纂委员会．台江县志[M]．贵阳：贵州人民出版社，1994：679—683.

参加这些活动的组织与管理为荣，感觉这是一种受人尊重的行为，他们乐于而且主动要求参加这些工作。

笔者从访谈中了解到：这种募集资金的方式已在当地形成传统和约定俗成的方式，大家也非常认同，认为掏钱组织活动是再正常不过的事情了。笔者在各村寨近100人的访谈中，仅遇到5人表示"不是很愿意，但是大家都捐也只好捐了，不然别人会瞧不起自己"。尽管有些村寨规定了数额，但多数人是超过或者远远超过了规定的数额，笔者在田野调查中深深感觉了当地人的"好面子"、"自尊"以及强烈的家族观和民族情感，笔者认为这种民族心理素质可能也在其中起到了重要的作用。

在篮球比赛中，除了采用篮球的基本规则之外，各村寨为了保证篮球比赛的顺利进行，一般都有一些自己的补充规定，如报效村2009年篮球赛对于比赛管理，专门公布管理办法和相关规定。

篮球规则及报名须知：①所有球员均需身体健康无其他疾病；②所有篮球规则均参照有关标准规则；③每名队员只能参加一个球队，否则取消比赛资格；④队员在比赛时，由于队员在比赛进行自身所造成的意外伤害本村概不负责；⑤在比赛进行时，队员及跟随拉拉队员不能起哄，若有影响比赛的进行由本村篮球委员会进行处理（如取消参赛资格）；⑥如报名球队自身造成不来比赛的及起哄闹事的均不予退押金；⑦随队员及凡球员若在我村范围内起哄闹事的均由我村治安组进行处理。望各位成员配合以利于比赛的顺利进行。

村篮球协会

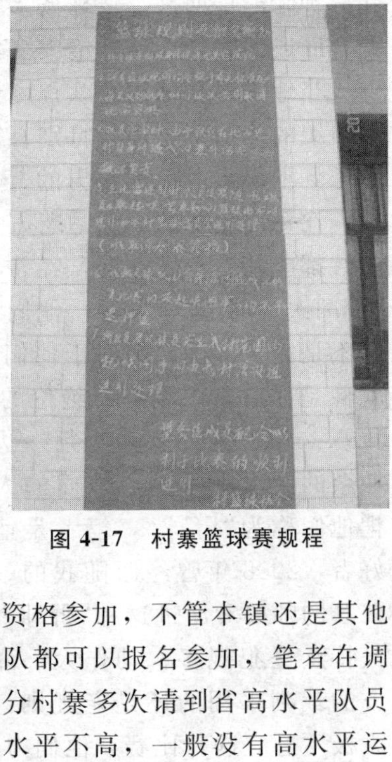

图 4-17　村寨篮球赛规程

参赛队员除本村寨的人员之外，任何人都有资格参加，不管本镇还是其他乡镇，或者是省内外人员，只要你能组织一个球队都可以报名参加，笔者在调查中了解到，台江县近几年的村寨篮球赛，有部分村寨多次请到省高水平队员到台江县参加村寨春节篮球赛。施洞镇整体经济水平不高，一般没有高水平运动员到施洞镇报名比赛，但是到施洞参加春节篮球赛的也不乏"高手"，许多体

图 4-18　山顶村寨篮球赛

育学院篮球专业的学生经常到这里报名参加比赛，其主要有两种原因：一是参加队员想组织水平高一点的队伍，能到这里比赛获奖、拿奖金；二是有一些在大学读书的本地学生，邀请同学过来玩耍，参加比赛。各个村寨篮球比赛的奖金各不一样，一般第一名奖金有 1000 元到 3000 元不等。

尽管整体经济水平不发达，但是施洞镇的篮球场地较多，在 20 多个村寨中，仅 5 个村寨没有篮球场，而且有一些村寨有两个篮球场。篮球场一般修建在村寨里，许多村寨在半山腰，许多篮球场就建在山顶，而且篮球场周围的空间并不大，有的篮球滚出场地要几分钟才能捡回来。篮球场多数是水泥质地为主，现在还有部分是水泥、石灰混合而成的“三合土”，绝大多场地基本平整，篮球架基本使用正规铁架木篮板。

当地人对篮球的喜欢程度让人感到吃惊，他们的这种喜爱不仅表现在参与和组织的热情上，而且特别喜欢观看篮球比赛，每场比赛观众人山人海，通常把球场围得水泄不通，男的、女的、老人、小孩，有三五岁的，也有七八十岁的，在每次比赛的间隙，老人、小孩都会冲上去投投球，比划比划，他们绝大多数都能基本看懂球赛，经常是一边看一边讨论，“谁走路了”、“谁打手了”、“谁两次运球了”，等等，他们都会积极讨论，而且会冲着裁判叫喊，当然，尽管不是完全准确，但对于他们而言，就像是在欣赏一场精彩绝伦的 NBA 比赛一样。这里篮球裁判一边都是业余的，水平不高，外面的人通常把他们称为“野球”，笔者是篮球爱好者，2008 年曾经跟随我的一个台江县的师弟参加过这种“野球”比赛，其特点是犯规多、动作大，许多地方的裁判采用的还是老规则，一般人极不适应这种比赛，他们力气大、体力好，一般的队伍想到这里拿到

图 4-19　热心观众

冠军是不容易的。由于裁判执法水平的问题，以前这里的篮球赛经常发生打架斗殴事件，许多外地球队不敢到这里来参加比赛，近年来由于在外读书的大学生多了，他们对于篮球规则的理解要清楚得多，再加上政府也逐渐开始介入安全问题，各村寨已经开始重视各种活动中的治安问题，打架斗殴的情况随之减少了很多。

图 4-20　获胜后的庆祝

近几年，到施洞镇参加篮球赛的各种体育院系专业学生参加的频率增加，“高水平”的比赛也增多，这种比赛并没有对当地的篮球赛造成冲击，反而刺激了施洞镇人的篮球热情，通过调查了解到，当地人不管男女老少，对“高水平”篮球赛都“情有独钟”，十分喜爱。他们非常希望有水平高的队伍到施洞镇比赛，用他们的话来说：“水平高了，我们看起来才有意思嘛。”另外，在施洞镇春节，村寨举行的篮球赛事较多，各种档次的都有，当地人参与程度也较高，一般奖金高一点的比赛，水平就会高一点，奖金低一点，水平就会差一点，因此不管你是哪种水平几乎都能有比赛打，而且笔者通过调查了解到，当地人对于奖金并不在乎，而最在乎的是名次和荣誉，当地人和外来人在赢取比赛之后的两种表现截然不同。外来的球队赢得名次之后，领取奖金就会离开，而当地人赢得名次之后，自己会买鞭炮大肆庆祝，把奖旗和奖品高高挂起，同村寨的人也会自愿掏钱给他们买鞭炮庆祝，所有人围着获胜的队员兴高采烈，就仿佛是自己取得了比赛的胜利一样。用他们的话来讲：“我们村厉害，我们寨子很凶。”很多在外面读大学的当地人，经常邀请同学来参加比赛，一个重要的原因就是希望能代表自己的村寨获得荣誉，经常他们是自己出钱招待这些同学，就是要证明我们村寨有“关系”，我们寨子的人“厉害”。

施洞镇几乎谈不上城镇化，其经济水平还处于一个较低水平，当然篮球的生根发芽是一个特例，早期的篮球是由于政府主导的结果，包括“革东女篮”现象。“文化大革命”之后，改革开放和市场经济的开始转轨，篮球这项运动能在一个经济水平并不高的农村城镇，一个完全“异域文化”中发展得如此“火爆”，这不得不说是一个奇迹。笔者在进行本研究之前，曾经多次到过台江县和施洞镇，观看过多场篮球赛，以前所持的观点是：政府主导；民族地区，经济落后；

老百姓缺少娱乐方式，时间闲暇，所以给了篮球发展的空间。现在看来这一观点并不正确，篮球赛的组织是自发的、民间的，老百姓并不缺少娱乐方式，而且他们还有各种各样的娱乐方式，现在各村各寨都通了水、电和闭路电视，收视频道能达三十多个，镇上还有网络。笔者在对篮球赛的观众、组织者、本地球员的访谈调查中，得到的一致答案是：春节大家回来过年，组织一些活动，一是大家有娱乐、有玩的，闹热一些；二是大家可以通过这些活动相互认识与交流，联络联络感情，聚一聚。在调查中笔者深深体会了苗族人民热爱生活，喜欢娱乐，"好玩"的民族性格。苗族是一个思想开放的民族，他们多数愿意接受外来文化，并不过分排斥外来文化和新鲜事物，施洞镇苗族篮球的发展状况，更加形象地说明了苗族文化的包容性和兼容性。篮球运动的娱乐性正好符合了苗族人民的民族性格，当这一项目进入苗族人民的生活当中，就开始迅速发展，苗族人民就是通过像篮球一样的各种各样的体育和其他文化娱乐活动来增加交流，增进民族凝聚力和民族情感，所以，玩、乐、交流、联络感情是苗族人民积极参加和开展各种体育活动的根本原动力。

从人类学的意义上来说，文化是一个共享并相互协调的意义系统，这一系统是人们通过阐释经验和产生行为而习得并付诸实践的知识所知晓并熟悉的。[①]是一种群体或系统建构的，或者说创造出来的，一套共享协调的意义系统，是群体能共同理解和交流的意义系统，群体之间的成员能相互共享和使用，别人可能并不完全明白和理解，这套在群体中能共享协调的意义系统就是这个群体中的文化。正如卢克·拉斯特对于文化的理解一样："正如我们可以讨论像家庭文化那样熟悉的事物，我们也可以讨论我们不那么熟悉的文化。这里我以特殊的和外来的文化……赛车文化为例。是的，赛车文化。这是一个我不那么理解的文化。尽管有亲戚向我解释过不下一百遍，我却始终不理解为什么人们那么起劲地看着赛车围着赛道绕来绕去。现在你该明白我的意思了吧，这对我没有意义，尽管如此，它却仍是一种文化。我不太确定它到底是什么，但是它的确存在。"[②]对于施洞镇苗族的篮球赛，或许我们根本无法理解在如此破烂的球场、如此寒冷的天气，运动员水平不高，裁判也不严谨，球赛也并不精彩，而当地人是如此地痴迷、如此地热衷于此，球员、观众、组织者的热情与态度令人惊讶。作为局外人，或许我们并不能明白其中的意义所在。这是苗族传统体育与

① 卢克·拉斯特．人类学的邀请[M]．北京：北京大学出版社，2008：49．
② 同上，50—51．

现代体育的完美结合，二者在发展的历程中，两种不同的文化进行有机的交融，创造了一种新型的苗族篮球文化。这种文化是当地人是在实践过程中建构的一种共享的意义系统，他们能够相互理解，彼此明白，维系他们族群意义的系统——"苗族篮球文化"。

第六节　施洞镇苗族体育特征探析

通过对施洞镇苗族体育中学校体育、日常生活中的体育、民俗节日中的体育和两个典型案例的分析，施洞镇苗族体育的总体特征和具体特点可以总结如下。

一、总体特征

(1)精神思想层次

苗族体育中充分融合了苗族传统的民族性格和民族心理素质，是苗族文化和精神的重要表现形式；体育在他们生活中被当做一种工具和手段，作为其精神和心理娱乐的一种方式和精神需要的途径，主要用于追求娱乐、玩耍和情感的宣泄，增加交流和社会交往，增进族群意识，提高民族凝聚力和增进民族情感的一种手段，其传统的宗教祭祀意义已经逐渐消失，但传统的娱乐性得到了进一步的增强。

(2)制度行为层面

除了学校中的现代体育之外，苗族体育主要存有于各种民俗节日之中，对民俗节日具有较大的依附性；与其他体育和其他文化娱乐事象相融、共存，并相互补充、相互影响；在日常生活中，除了儿童体育游戏之外，几乎没有专门的体育活动内容，体育活动的内容主要以传统体育项目为主，他民族体育内容为辅；体育活动的组织与管理主要以民间自发为主，其开展主要依据民间惯例和传统习俗的规范进行，民俗节日逐渐开始分化成为集体大型综合节日和民间分散节日，传统体育活动和各种其他民俗文化活动开始汇集于集体大型综合民俗节日当中，民间民俗节日逐步弱化，活动内容开始逐渐减少。

(3)物质形态层面

多数体育活动对物质条件要求不高，因陋就简，并充分利用了当地地理生态环境作为体育的物质条件。

二、现实特点

(一)原生态特色与乡土性

原生态体育指保留初始状态的、质朴的、更贴近生活源头的体育文化形态。它具有原初性、本土性、生活性。[①] 施洞镇在很早就开始与外界文化接触、交流，从20世纪50年代开始，就有许多国内外友人到施洞镇参观姊妹节、独木龙舟节，改革开放后，大量施洞人外出打工，各种文化与施洞苗族文化交流频繁，但施洞镇苗族传统体育一直以来保持其体育的原有形式，不管是形式还是内涵，都保存得原汁原味，并未走形和变样。独木龙舟的古老祭祀与禁忌——“接龙”和“习惯规则”，到目前为止都神圣不可侵犯，这种独特而神秘的龙舟文化便是其原生态的典型代表。施洞人的日常生活中的体育，儿童的游戏，它们因陋就简，取材了生活，他们浑身是泥，满脸是土，追逐于田间地头，游戏于山坡河流，自制弓箭、陀螺、跷跷板等，各种体育活动无本来源于生活，取自于生活，贴近于生活，这才是民族原生态体育的生活性和乡土性的本质体现。这是一种追求族群情感、民族精神的原本内涵，一种民族精神的回归，一种热爱生活、回归自然的原生态体育特色和乡土性特点。

(二)传统特色与自发性

苗族有数千年的历史，在其历史长河中，苗族积淀了深厚的传统体育文化，这一套文化一直规范着他们的体育行为和体育习惯。在施洞，古老的体育习俗并未改变，古老的体育规则也在继续，从独木龙舟的“习惯规则”、到斗牛的“接姑妈”、再到各种活动的“打平伙”，从各种活动开展的习惯和规范，甚至是篮球这个现代西方项目的开展，其组织、管理、经费的募集等，都是按照苗族传统体育活动开展的传统方式进行操作，可见苗族体育传统的强大力量和制约性。施洞苗族体育的传统特色是在民间自愿和自发的基础之上产生和发展起来的，历来没有政权的干预和介入，自己靠民间自筹，管理和组织人员是民间自愿，观众是自发，正是在这一种自发性与传统相结合的方式，维系着施洞镇苗族体育的发展，传统与自发无疑是其一大特色亮点。

---

① 李延超、虞重干等．论原生态体育的内涵——以苗族村寨体育为例[J]．山东体育学院学报，2009，25(6)：1—3.

(三)民族特色与交融性

体育是民族文化的一个重要内容，苗族在历史上是没有文字的民族，他们的文化主要靠各种民俗活动、服饰、语言以及各种身体语言(肢体活动)的形式传承下来，在苗族传统体育活动中，渗透和融入了民族性格、民族精神和共同的民族心理素质等特征，具有典型的民族特色，施洞镇的独门龙舟、踩鼓、跳芦笙、斗牛、斗鸟等项目都是其重要体现，而这些项目往往与舞蹈、音乐、艺术等其他文化形式相互交融，共同存在，而且多数是存在于共同的民俗节日当中，与它们相互交融、相互影响、“结伴”而行，体现着体育、音乐、舞蹈和艺术的完美结合与交融。另外，施洞苗族传统体育与现代体育项目的交融也是一个重要的特性，他们用苗族传统体育的组织、管理、资金募集方式等手段，实现了篮球在施洞镇的普及与发展，实现了用民族传统体育的发展方式发展现代体育的完美结合。

(四)娱乐特色与交往性

施洞苗族体育的典型特征是娱乐特色和社会交往性，姊妹节中的千人踩鼓、跳芦笙，龙舟节中的龙舟竞渡及各种节日中的斗牛、斗鸡、斗狗活动，以及各种节假日中的篮球、拔河、接力赛等体育活动，再到这些活动之后的“打平伙”等庆祝方式，无一不体现着“好玩”、“闹热”、“交流”、“联络感情”等娱乐、情感宣泄、社会交往的目的，以追求加大交流，增进民族情感，增强民族凝聚力等民族性格和民族精神为目的体现。

(五)分散性与集中性相结合

生产方式和生活方式的改变所造成的人口流动给当地传统体育和其他民俗活动带来了较大的冲击，长期外出打工的青年人，只能在有限的时间和有限的次数回到家乡，因而当地的许多民俗节日仅有老人、孩子和部分女人参与，缺少了中青年的参与主体，各种节日开始逐渐减少，节日中的各种活动内容也逐渐消失，许多民俗节日和节日活动逐步演变为分散的、小范围的活动形式，而与之相对应的另一种大型的、集体的、综合性民俗节日迅速发展，逐步演变成为几个集中的、主要的、全镇参与的活动，其主要包括春节、姊妹节、独木龙舟节。这种格局的改变使得全年中各种传统体育活动和其他民俗活动逐步汇集到了这几个主要节日当中，形成一种传统体育和其他民俗活动内容高度浓缩的集中态势。

第七节　与县城的比较

台江县总体经济水平发展不高，特别是城市与乡镇之间的差异还比较明显，县城的城镇化较为明显，各个乡镇（除县城所属镇台拱镇之外）的传统农业社会的特征还较为明显，笔者通过田野调查和实地考察结果显示，除县城和台拱镇，施洞镇苗族体育与其他六个乡镇特征大致相同，都与县城苗族体育存在着一定的差异，因而笔者对施洞镇苗族体育与县城苗族体育状况进行简单比较，以更进一步理解台江县苗族体育的发展状况。

一、学校中的体育

台江县城共有中小学 6 所（包括台拱小学），由于属于县城学校，学校体育经费相对充足，在对 6 所学校场地器材的实地调查中，根据教育部 2002 年《中学体育器材设施配备目录》和《小学体育器材设施配备目录》标准，对于必配器材除联合训练器、升降器械、小篮球、小足球、软式排球和一些武术器械等之外，其他器械基本都有，但都未达到教育部要求标准。[①②] 在 6 所中小学中，场地以西方现代体育项目场地为主，如篮球场、田径场等。在县城的学校体育中，教学内容主要以西方现代体育项目为主，从 2002 年台江县实施苗族文化进课堂以来，一些苗族传统体育文化和其他民族传统体育文化逐步进入了学校体育当中，其中除了县城中小学之外，其他乡镇学校中也相继开展了这些项目，具体情况见表 4-2。

表 4-2　台江县各乡镇中学及部分小学体育课项目调查情况

学校	篮球	足球	乒乓球	羽毛球	跳绳	田径	体操	押加	高脚	板鞋	蹴鞠	反排木鼓舞	芦笙舞	板凳舞
台江县民族中学	√	√		√	√	√	√	√	√	√	√	√		
台江二中	√		√		√	√	√		√			√		
台江城关一小	√		√		√	√	√					√		

① 教育部．中学体育器材设施配备目录，2002.

② 教育部．小学体育器材设施配备目录，2002.

续表

学校	篮球	足球	乒乓球	羽毛球	跳绳	田径	体操	押加	高脚	板鞋	蹴鞠	反排木鼓舞	芦笙舞	板凳舞
台江县城关二小	√				√	√	√					√		
台拱小学	√				√	√	√					√		
台江县职校	√		√		√	√	√					√	√	√
施洞中学	√		√		√	√	√					√		
施洞小学	√				√	√	√					√		
方召中学	√				√	√	√					√	√	
方召小学	√				√	√	√					√	√	
南宫中学	√				√	√	√					√	√	
南宫小学	√				√	√	√					√	√	
排羊中学	√				√	√	√					√		
排羊小学	√				√	√	√					√		
革一中学	√	√	√		√	√	√					√		√
革一小学	√				√	√	√					√		√
台盘中学	√		√		√	√	√					√		√
台盘小学	√				√	√	√					√		√
老屯中学	√				√	√	√					√		
老屯小学	√				√	√	√					√		

在县城中，由于经济和社会发展优于各乡镇，城镇化和现代化水平较施洞镇和其他各乡镇高，各学校体育受关注和重视的程度较高，学校在体育软硬件设施方面都有优于施洞镇和其他乡镇，因而学校体育不管是教学水平、教学质量、教学效果等的发展水平比施洞镇和其他乡镇水平都高。但在教学内容上还是主要以西方现代体育项目为主，学校体育的主导教育方向还是以西方体育为主，包括各种场地器材的配备。笔者在对 6 所中小学学生的调查中了解到：学生在学校中参与的项目几乎都是以篮球、足球、乒乓球、羽毛球为主的西方现代体育项目，在课余体育活动中都没有少数民族传统项目内容；学生对于体育

与健康的概念、关系的理解相对较深，在涉及体育的功能访谈调查中(江县民族中学和台江县二中，每所学校 20 人，共 40 人；台江县城关一小、台江县城关二小、台江县台拱小学，每所学校 15 人，共 45 人；总计 85 人)，体育主要是“好玩”和“体育能锻炼身体”的作用。

在 6 所学校中，民族民间体育的项目进入课堂之后效果并不理想，它只是作为活动的形式进入学校了，而并没有作为一种文化进入学校。笔者在对学生的访谈调查中了解到(访谈对象为台江县民族中学和台江县二中，每所学校 20 人，共 40 人)，他们之中清楚高脚、板鞋、蹴鞠、押加四个项目民族起源的仅 3 人。在对两所学校的体育教师的访谈中(两所学校教师各 5 人，共 10 人)，仅有 2 人能正确了解全部项目的民族起源。在对学生对于民族民间体育的兴趣的访谈中(台江县民族中学和台江县二中，每所学校 20 人，共 40 人；台江县城关一小，台江县城关二小，台江县台拱小学，每所学校 15 人，共 45 人；总计 85 人)，对于高脚(55%)、板鞋(59%)、蹴鞠(60%)和押加(63%)四个项目各项目喜欢程度 60%左右的学生无所谓，15%左右的学生喜欢，问及喜欢此类项项目的学生的缘由，是因为这些项目好玩。在对反排木鼓舞、芦笙舞、板凳舞的访谈中，学生和教师都知道和了解这三个项目，而且反排木鼓舞和芦笙舞是最为普及的项目，板凳舞主要在台江县职业学校开展。反排木鼓舞的普及源于县教育局推行民族文化进校园的活动中，要求各学校必须推行反排木鼓舞，并专门定期组织检查的结果。在进一步地深入了解中得知，这三个项目是苗族传统项目，在每年的姊妹节，或者全县的大型节日活动的游行中，各学校都要根据自身情况组织不同项目参加展示，因而各学校都要组织专门学习和排练，另外，三个项目作为苗族传统项目，在各个民俗节日当中，如春节、元宵节等，学生基本都会参与各种活动的此类内容。

从县城学校体育与施洞镇或者其他乡镇的比较来看，主要有几个不同之处：①县城体育软硬件设施条件较好，体育受重视和关注的程度较高，总体教学质量和教学效果都优于施洞镇或其他乡镇学校；②县城学校体育教学内容以现代西方体育项目为主，与施洞镇学校体育教学内容一致，并且引入了少数民族传统体育项目，与施洞镇或其他乡镇相比，少数民族传统体育进校园执行力度大，而且落到“实处”；③县城学校体育中，西方体育项目对学生的影响更深刻，体育与健康的知识相对更普及，体育对学生的影响面更加广泛。

从文化的结构来说，一种民族文化的引入应该具备物质形态层面、制度行为层面和精神思想层面，在台江县城学校体育的民族民间文化进课堂中，其项目物质形态和制度行为层面的外在形式进入了课堂，而这些活动项目所蕴涵的内在“意义”并未进入课堂，即文化的核心层面内涵并未进入课堂。学校是民族文化传承的主要途径，而文化的传承其核心层面具有决定性作用，民族民间传统体育的传承必须以文化的三个层面作为完整的体系，而不是仅注重制度行为层面和物质形态层面，那么这种技能的传授与技校里的“师傅”教“徒弟”就完全等同了，只要传授技术、技巧，或者说一些原理，而不需要告诉学生这些技术、技巧或者行为后面所隐含的“意义”。如果以这种方式在学校体育中传承民族传统体育，那么可能在一定的历史阶段其形式可以得到延续，最终这种文化是会消失掉的，因为其文化的核心丢失了，外在的形式最终必将消亡。

二、日常生活中的体育

台江县县城与施洞镇居民日常生活中的体育的差异主要有两个方面：①儿童体育。在施洞镇，儿童体育主要以传统的游戏为主，如打鸡脚架、捉小鸡(老鹰捉小鸡)、“打架”、躲猫猫(捉迷藏)、打陀螺等，西方现代体育项目较少，场地器材主要是自制和来源于现实生活中的各种自然环境，他们参与的是一种自由自在、无拘无束的身体活动或游戏，主要是追求一种玩乐和游戏；在县城，儿童体育或游戏尽管也是主要追求玩乐和游戏，但是他们所采用的方式和物质设备多数并不一样，县城里的儿童体育的主要内容是以西方现代体育为主，如篮球、足球、乒乓球、羽毛球、游泳等，一些儿童传统的游戏尽管还有，如躲捉迷藏、跳皮筋等，但已开始逐渐减少，而儿童对于西方的篮球、足球、乒乓球等更感兴趣，参与的积极性更高；另外一个区别就是县城儿童体育对于参与的安全性要求更高，一些在大人眼中的“危险”项目或者“不卫生”的项目都已经被家长禁止，县城儿童更缺少了像施洞镇儿童在田间、地头、山坡、河流之类的大自然中的体育项目。②成年人体育。在施洞镇，成年人日常生活中几乎不存在体育活动，唯一的项目是“游泳”，而且他们并没有体育健身与健康的意识，也没有主动参与体育锻炼的行为。在县城，人们日常生活中的体育形式就比较多样化，内容也丰富多彩，有的晨起跑步、打太极拳、跳扇子舞，有的下午打篮球、打羽毛球、游泳，有的傍晚跳舞、散步等。与施洞镇成年人的体育活动相比，县城居民体育活动有几个明显特征，一是活动内容丰富多彩，形式多种多样，有现代体育项目、也有传统体育项目，有苗族体育项目、也有其他民族民间体育项目；二是县城居民参加体育活动的主体性、积极性、目的性比较明确，体育是一种主动参与的有意识的行为；三是体育在日常生活中主要是作为一种强身健体、休闲娱乐的方式和手段，一种追求健康、长寿和提高生活质量的手段。

生产方式决定着生活方式，施洞镇当地人的主要生产方式还是以传统的农业生产为主，人们主要从事农业生产，体力劳动是生产的主要方式，而且经济水平不高，人们对于体育的需求并不明显，人们并没有专门从事体育的意识，所以在日常生活中，体育的形式几乎不存在。在县城，体力劳动不是人们谋生的方式，而且人们的经济收入相对较高，工作效益与乡镇相比大幅提高，因而人们打发余暇时间，追求健康长寿、休闲娱乐和提高生活质量已经成为生活中的主旋律。现代社会经济全球化、文化多元化和信息网络化，人们接受知识、信息的渠道更加畅通，能力更加提高，使人们能了解和接受各种体育活动形式，因而在此时代背景之下，各种丰富多彩的体育项目也自然走入了县城人们的日常生活之中。

三、民俗节日中的体育

在现代化进程中，施洞镇的一些民俗节日已经逐渐减少和集中，一些小型节日逐步开始弱化，逐步形成了以姊妹节、独木龙舟节、春节(从小年到大年)为主，其他小型节日相互依存的格局。各种文化活动开始逐渐浓缩和集中于几个主要的节日当中，传统体育活动和其他各种民俗文化活动几乎开始汇聚到每年的几个主要节日当中，主要的节日几乎能完全体现出当地传统体育和其他各种民俗文化活动。县城的民俗节日已经形成了以春节(从小年到大年)、姊妹节为主体的集体传统节日，以及其他分散民间民俗节日的格局，民俗节日中的各种传统体育活动和其他民俗文化活动几乎是台江县所有文化活动的汇总，各个乡镇的传统特色民俗活动都汇集于县城民俗节日活动之中，而且还增加了许多现代体育项目活动，县城与其他乡镇民俗节日主要活动情况见表 4-3。

表 4-3　台江县各乡镇民俗节日中传统体育活动项目

乡　镇	开展项目
台江县城(台拱镇)	斗牛、斗狗、斗鸡、斗鸟，散打、龙舟表演、芦笙舞、踩鼓舞、板凳舞、反排木鼓舞、舞龙嘘花、舞狮、跳花灯、水上抢鸭、篮球等
南宫乡	斗牛、斗鸡、斗鸟、芦笙舞、踩鼓舞、反排木鼓舞、篮球、漂流、徒步等
方召乡	斗牛、斗鸡、斗鸟、芦笙舞、踩鼓舞、反排木鼓舞、篮球等
革一乡	斗牛、斗鸡、斗鸟、芦笙舞、板凳舞、踩鼓舞、舞龙嘘花、篮球等

续表

乡　镇	开展项目
台盘乡	斗牛、斗鸡、斗鸟、芦笙舞、板凳舞、踩鼓舞、舞龙嘘花、篮球等
施洞镇	斗牛、斗鸡、斗鸟、芦笙舞、龙舟竞渡、踩鼓舞、舞龙嘘花、舞狮、篮球等
排羊乡	斗牛、斗鸡、斗鸟、芦笙舞、踩鼓舞、舞龙嘘花、篮球等
老屯乡	斗牛、斗鸡、斗鸟、芦笙舞、踩鼓舞、舞龙嘘花、篮球等

县城为全县政治、经济文化的中心，政府着力于经济发展，有意识地把各乡镇的各种民族活动汇集于县城以打造民族文化旅游风情，并作为一种文化的展演。所以各种大型节日活动的组织都是政府出面组织、管理，而政府的这种介入，对各种民俗活动带来的最大冲击和影响就是增加了经济利益色彩，失去了文化的原生态内涵，影响了人们参与活动的主动性，如姊妹节中的龙舟展示，邀请施洞镇的龙舟到县城进行展示，一般每条龙舟政府需支付5000元左右费用，而这种龙舟展示又并不是真正的"龙舟文化"，仅是一种外在表现形式。而施洞镇的传统体育活动或其他民俗文化活动，其组织和管理主要是民间自发，甚至包括各种活动经费募集方式，并且两种组织形式所产生的效果并非有较大差异。

近年来，民族地区旅游事业迅猛发展，得到了各级政府的高度重视，其中最主要的原因是旅游直接带动了各地区经济幅度的整体增长，台江县政府对于民族旅游非常重视，提出以苗族文化风情为主线，打造民族文化旅游，并与体育相结合的口号。2009年，台江县姊妹节更名为：台江苗族姊妹节暨贵州省首届徒步穿越南宫森林公园越野环保竞赛，2010年，台江县姊妹节更名为"贵州民族体育旅游节暨台江苗族姊妹节"。民族旅游对于民族传统文化所产生的影响是较为复杂的，既有有利的一面，又有不利的一面。一方面旅游在客观上加大了民族文化的传播，加速了民族文化的现代化和世界化进程，促进了民族文化的良性变迁；另一方面，民族旅游文化生产在本质上是一种商品生产，在商品生产和消费过程中，市场供给、竞争、价格等经济规律对其产生制约和影响作用，这种规律自然渗透于民族旅游文化商品生产之中。① 开发者为了获得经济收益而迎合"游客需求"，导致了传统民族文化的过度开发和失真，这种过度开发和文化失真随着时间的推移，传统民族文化的异化现象就越来越严重，最终

① 张曾芳、张龙平．论文化产业及其运作规律[J]．中国社会科学，2002(2)：98—106.

导致了文化认同的逐步分散和族群共同心理素质的消失。[①] 与台江县县城民俗节日中旅游活动的传统体育相比，施洞镇苗族体育的原生态体育特征保存较为完整，文化的过度开发和文化失真现象并未开始真正产生，但这种现象已初见端倪，不得不引起我们的重视并加以防范。

① 李伟．民族旅游地文化变迁与发展研究[M]．北京：民族大学出版社，2005：125—131.

第五章
现代化进程中台江县苗族体育的变迁与发展

第一节　变迁的特征及原因分析

一、变迁总体特征

自新中国成立以来，我国社会的发展经历了几个特征较为明显的历史发展阶段，各个时期对于苗族体育的发展都产生了一定的影响，通过对台江县苗族体育传统自由与政府介入期、曲折发展时期、互动与恢复期、交融与快速发展期的考察分析，以及施洞镇苗族体育的现实考察，现代化进程中台江县苗族体育变迁主要呈现以下特征。

(一)传统与现代相结合

在历史上台江县是一个相对封闭的社会形态，苗族文化受到外来文化影响时间不长，苗族传统体育的发展具有典型传统文化特质，尽管台江县是苗族人口高度集聚地区，但是从现代化进程开始，苗族体育中就从未缺少过现代体育的影子，如从最初的篮球到现在的散打、漂流、徒步等，二者并行发展，相伴而行，相互促进，相互影响。苗族传统体育与现代体育实现了完美的结合，在民俗节日当中有现代体育，在现代体育当中也有民族传统体育。

(二)原生态与功利性并存

施洞镇和其他乡镇苗族体育的原生态特色是台江苗族体育的一大特色和亮点，而现代社会经济利益驱使下的苗族体育逐渐开始追求功利性，尽管台江县许多地区的苗族传统体育受到功利性的驱使，人们的价值观开始受到经济利益驱动的冲击和扭曲，但是许多原生态苗族传统体育依然坚固，与现代化进程中功利性体育的发展形成了二者共同存在的局面。

(三)民间调适与政府调控并行

台江县苗族体育的运行主要依靠民间自发组织与管理，依靠民间体育活动的“习惯法”进行规范和管理，而且运行良好。政府的介入产生了较强的调控作用，它的主导作用改变了一些民间习俗和惯例，打造了苗族体育、旅游与民族文化三位一体品牌产业体系。从县城和各乡镇的总体运用来看，台江县苗族体育依靠民间的惯常方式进行调试，政府在宏观上调控一些主要的、大型的集体民族文化活动，使政府调控和民间体育“习惯法”两种运行模式共同约束和推动台江县苗族体育的发展。

(四)独立、互动与交融相伴

台江苗族体育是台江苗族文化中的一种独立形态，有其自身的特点和运行方式，在整个现代化进程中，它通过各种途径和方法，始终与其他民族体育，与苗族的其他文化事象处于一个相互交流、相互影响的互动过程之中，在互动中相互影响，在互动中整合，在互动中交融，形成了现代苗族体育发展的一种独特模式。

(五)集中性与浓缩性共存

现代社会生产方式的改变导致生活方式的改变，各乡镇由于外出打工人口大量输出，苗族许多民俗传统节日活动无法有效开展，因而逐步形成了每年的几个大型的、综合的、集体的民俗节日，县城人们由于工作方式的改变，许多民俗节日也逐步退出社会生活的舞台。政府的参与和介入，也集中打造了几个大型的、集体的、综合的民俗节日，而这几个有限的节日中，高度浓缩了民族体育和其他民族文化活动的内容，体现了整个苗族体育的全部核心内容，因而使台江县苗族体育逐步转变为节日的集中性和节日活动内容的浓缩性的特征。

二、现实特点

在经济全球化、社会信息化、文化多元化的社会大背景下，人们交流日益频繁化，台江县苗族体育在现代化社会进程的洗礼下，在精神思想层面、制度行为层面和物质形态三个方面都产生了较大变迁。

(一)精神思想层面

据历史考证，台江苗族的迁徙始于公元前26世纪，由于战争、政治等多种原因，其经历了与其他苗族同样的迁徙史。苗族迁入台江已有两千多年的历史，一直过着自给自足的自然经济，在历史上一直过着“世外桃源”的封闭社会生活，直到清朝才被外界知晓，距今不过270年左右的时间，因而台江县苗族传统文化的保存较为完整。

台江县苗族传统体育从其精神思想层面来看，在现代化进程初期，其主要表现为几个特征：①体育作为一种肢体语言和肢体符号，表达着追求对神灵、祖先和自然的崇拜，具有明显的娱乐神灵、娱乐祖先、娱乐自然物的目的，具有明显的祭祀追求和功能；②体育作为一种精神和身体放松的方式，一种情感表达和宣泄的手段，一种娱乐、玩耍的方式，追求一种人与宇宙、人与自然相融合的身体和心理愉悦的方式；③体育作为一种寻求共同的民族心理素质，一种增加亲戚、朋友和族群之间的交往与交流，增强民族情感、民族凝聚力和塑造民族精神的文化娱乐活动；④早期苗族体育中体育健身、健康的意思淡漠，他们参加各种体育活动并不是要获得健康长寿，体育在生活中仅是一种玩耍的手段和作为祭祀活动的需要而参加。

在现代化进程中，台江县苗族体育经历了传统与自由发展阶段、曲折发展阶段、互动与恢复阶段以及交融与快速发展四个阶段。经济全球化、文化多元化、社会信息化的现代化特征对台江县苗族体育精神思想层面的变迁产生了较大影响。从精神追求来看，苗族传统体育的祭祀、娱神、祭祖、娱物的内涵已经完全淡化，逐渐退出体育追求之外，尽管一些地方还保留了其原来的形式，但其核心的文化追求已经消失，如施洞的独木龙舟等。从苗族体育的价值观来看主要有几层变化，第一，在苗族体育当中开始融入，并开始逐渐普及了健身、健康意识；第二，体育的价值观受到了经济利益驱动的冲击和扭曲，一些地区把体育视为一种获得经济收入的手段，甚至为了迎合游客的“胃口”而不惜改变民族原本的文化的形式和内涵。从体育目的来看，体育作为社会生活中精神和身体放松的方式，从而增强民族情感、民族凝聚力和民族精神的文化娱乐活动的内涵并没有减少，反而有所增强。

(二)制度行为层面

在现代化进程中，台江县苗族体育的制度行为层面随着现代化进程的加快，体育的项目内容，存在形式，组织管理、制度规则和方法行为都发生了一定的变迁。

(1)项目内容

新中国成立之初，苗族体育的项目主要以苗族传统体育项目为主，如表演类：芦笙舞、木鼓舞、反排木鼓舞、板凳舞、踩鼓、斗马、斗牛、斗鸡、斗鸟、舞龙、舞狮等；竞技类：独木龙舟、赛马、射弩、摔跤、武术等；儿童游戏类：捉小鸡、打鸡脚架、踢毽子、打游击、“打架”、躲猫猫(捉迷藏)、打陀螺、洗澡(游泳)、叮当板、拣子、牛角棋、鸡笼棋等。西方现代体育主要有篮球，以及各学校中开展的西方现代体育项目，如篮球、田径、体操等。

在现代化进程中，台江苗族体育项目内容在各个阶段都发生了一定的变化，其中影响最大的是“文革”期间，民族传统体育项目几乎全部停止，但是对篮球的影响并不是太大，经过改革开放以来的恢复和发展，目前台江县开展的传统项目中，表演类项目全部恢复并正常发展；竞技类项目中，独木龙舟项目发展最好，赛马、射弩、摔跤已经基本消失，武术在民间继续存在，但是习武之人也越来越少；现代体育项目已经进入老百姓的日常生活当中，特别是县城和县城附近的乡镇，如篮球、足球、羽毛球、乒乓球及许多田径健身项目，而且许多民俗节日也融入了现代体育项目，如姊妹节中散打、篮球、接力赛、拔河、漂流等，另外在学校体育当中，除了苗族传统体育项目和西方体育项目之外，其他民族的传统体育项目也进入了学校，如押加(藏族)、板鞋(壮族)、高脚(土家族)、蹴鞠(北方民族)①。

(2)存在形式

传统体育早期的存在方式主要在民俗活动节日当中，一是有单独的传统节日，如独木龙舟节；二是与其他文化活动共存于各种民俗节日中并相互影响，如姊妹节、春节等。部分民俗活动项目存在于民间日常生活当中，如苗族武术，各种儿童游戏等，但这种独立存在形态方式是出于一种自我发展状态，对于其良性发展十分不利。另外一种存在方式是在学校体育当中。台江县苗族体育的几种存在形式并未发生变化，但是三种形式中项目发生了变化，在早期的民俗节日中，主要以民族传统体育项目为主，其他项目仅有篮球一项；而今，在各种民俗节日中除了有传统体育项目之外，还增加了许多现代体育项目，如散打、接力赛、拔河、漂流等，在学校体育中，早期没有民族传统体育项目进学校，

---

① 方征．少数民族传统体育学概论[M]．北京：中央民族大学出版社，2009：265—266.

目前已有芦笙舞、板凳舞、反排木鼓舞，而且还有其他民族的传统体育项目，如藏族的押加，壮族的板鞋和北方民族的蹴鞠等。在日常生活中，早期除了篮球之外，几乎没有其他体育项目，目前日常生活中已经增加了许多西方项目，如篮球、足球、羽毛球、乒乓球、跑步、徒步、漂流等，而且存在许多他民族传统体育，如腰鼓、现代舞等。

(3)组织管理制度、规则与方法

台江县早期苗族体育主要以传统体育为主，传统体育的组织实施主要是民间自发活动，以村寨为单位，通常是利用民俗、宗教祭祀、民族信仰等约束力维持各种活动的开展，如祭祀、娱物、娱祖等民俗、禁忌的约束力，各种管理组织主要依靠传统惯例民间“习惯法”进行。早期现代体育项目主要存在于学校当中，几乎完全按照西方现代项目的规则和方式进行。目前，政府介入是组织管理的最大变化，政府在整个宏观层面开始介入苗族体育的发展，使苗族体育产生了较大变迁，但是有许多地方还保持其原本的传统习俗和习惯方法，民间的各种活动的组织完全是自愿和自发形式，传统民俗、禁忌的约束力已开始逐步消失，但其组织管理的基本模式是延续传统方式，甚至包括篮球的运作方式也是按照传统体育的方式进行的。目前许多体育项目已经融入了人们日常生活中，其开展的方式主要依靠政府的组织管理和老百姓的自发组织、参与。

现代旅游对苗族传统体育的发展产生了较大影响，在经济利益的驱使下，一些项目的习俗和规则、方法开始受到挑战，如台江县县城的独木龙舟已经成为了一种文化的展演，失去了许多传统习俗，如：下水前的“祭祀”、“接龙”在台江县已经开始消失。

(三)物质形态层面

苗族传统体育主要起源于宗教祭祀和日常的生产和生活之中，传统体育项目对于场地器材要求不高，多数是因陋就简，取材于日常生活环境之中，或者利用自然生态环境条件，在现代化进程中，体育的物质形态变迁最为明显的是在“文革”期间，“破四旧”的错误指导思想使许多苗族传统体育项目的场地器材遭到破坏，其中对于器材要求较高的独木龙舟遭受到了巨大的损害，导致现在独木龙舟已无法保持其原有的物质形态了。

体育物质形态总是随着项目的变迁而变迁，同时物质形态也影响着体育项目的变迁，有些来源于一定历史时期生产和生活时期的体育项目，它们取决于这种物质形态的存在，当这种物质形态消失了，其项目就自然消失，如苗族的赛马、射弩等，它们在一定的生产和生活历史时期是必不可少的生产生活资料，当它们退出历史舞台，自然这些项目也开始逐步退出了体育的历史舞台。台江县苗族体育的另外一种体育物质形态的发展与社会经济的发展紧密相关，现代西方体育项目对于器材场地都有一定的要求，因而它们的变迁是随着西方体育项目的推行和普及而发展的，学校体育普及和推广了西方体育项目，加上经济和社会的发展，这种类型的体育物质形态得到了飞速发展。

三、变迁原因分析

没有哪一个族群的文化或者某一种文化是永存的，文化总是在不断地变迁过程中继承和发展，文化变迁是文化发展的一个必然过程。引起文化变迁的因素较多，通常文化变迁有几个主要原因：①根本的原因是社会生产方式的改变引起文化变迁；②外来文化的冲撞和影响引起文化变迁；③文化自身的矛盾冲突、文化的分化引起文化变迁；④地理生态环境的变化引起文化变迁。[①②] 从台江县苗族体育的变迁宏观状况来考察，其变迁主要由于生产方式的改变，外来文化的冲撞和影响而产生的互动，以及苗族体育自身新旧文化、本民族文化和他民族文化的冲突和分化引起的。

(一)生产方式的变化引起体育的变迁

人们在社会生产中发生一定的、必然的、不以他们的意志为转移的关系，即物质生产力的一定发展阶段相适合的生产关系。这些生产关系的总和构成社会的经济结构，即有法律和政治上层建筑竖立其上并有一定的社会意识形式与之相适应的现实基础。物质生活的生产方式制约着整个社会生活、政治生活和精神生活的过程。[③]

从某种意义上来说，生产方式决定了生活方式，生产方式改变了，生活方式必定将发生变化以适应生产方式。从新中国成立之初，台江县是一个典型的农业社会，主要以农业生产为主，人们的主要谋生方式和谋生手段是在田间、地头的耕种，其生活方式随着生产方式的季节性的改变而发生着变化，因而产生了开秧门、祭秧节、吃新节、吃丑节等；一年辛苦的劳作取得收成相当不易，丰收之后人们需要更多的庆祝和娱乐，由此便有了踩鼓、跳芦笙、斗鸡、斗狗、

---

① 陈建宪．文化学教程[M]．武汉：华中师范大学出版社，2004：191—192.

② 陈华文．文化学概论[M]．上海：上海文艺出版社，2001：178—183.

③ 林耀华．民族学通论(修订本)[M]．北京：中央民族大学出版社，1997.

斗牛等娱乐、庆祝的方式；因为人们对丰收的渴望，希望能风调雨顺，能得到祖先和神灵的保佑，因而产生了龙舟节，以及各种娱乐神灵和祖先的手段，各种体育活动也因此产生和发展。

在现代化进程的六十多年中，随着科学技术的发展和进步，生产方式发生了巨大的变化，在经济相对较好的城镇，传统的农业耕种和手工业已经被现代化的工业化手段和现代科学技术所取代，人们不再用马匹作为交通工具了，不再用射弩来打猎，因而赛马和射弩开始逐步退出了苗族“体育历史舞台”；现代社会人们不再过着日出而出、日落而归的农业社会生活，即使目前还处于传统农耕手工业技术社会的地区，人们的主体生产方式也发生了一定的变化，农业生产已经不是他们谋生的主要手段，相反，外出打工成为他们经济收入和谋生的主要手段，他们的生产方式也发生了改变，生活方式也变化了。所以独木龙舟的祭祀、禁忌尽管依然存在，但是它们已不再具有原有的意义了，开秧门、祭秧节、吃新节等各种节日继续存在，节日里的跳芦笙、踩鼓、反排木鼓舞各种体育活动继续存在，但是它们仅作为一种民俗活动保存下来，已经不再具有原有的内涵和意义；现代的生产方式开始疏远了人们之间的距离，民族之间、村寨之间开始远离，族群的身份受到了威胁。

在现代化进程中，各个民族或族群所受到的异文化和各种现代化科学技术的冲击日益明显，人类学家在19世纪初曾经所担心这种冲击会导致文化消失的现象并没有产生，似乎反而有所加强，人类社会的族群性或民族性意识似乎更加强烈和明显了，而不是像他们所预测的减弱，这些现象更加证明了人类学研究的复杂性。而人类学的研究表明，当种族身份的载体感到身份受到威胁的那一刻，那么种族身份就开始变得重要。[①] 在此历史进程中，当苗族人民由于社会现代化所导致的族群身份受到威胁时，自然他们便开始寻求一些方式来增强民族情感，因而苗族人民又让踩鼓、斗牛、独木龙舟等体育活动开始有序开展。

(二)外来文化与苗族体育的互动引起变迁

随着现代化进程的加快，经济全球化、文化多元化、信息一体化和人们之间交流的日益频繁，各种文化形式开始了世界范围内的交流与碰撞，多种文化的互动必然引起各种文化的相互变迁。台江县依靠苗族民族风情，从20世纪

① 托马斯·旭兰德·埃里克森．小地方，大论题——社会文化学导论[M]．董薇译．北京：商务印书馆，2008：387.

50年代就开始与世界交流，到了改革开放，大批的外出务工人员走出了山里，接触了外面的文化，又将其回到了原来的世界，网络化、信息化让人们足不出户就了解了世界，台江县汇聚了各种文化，这些文化的冲击和互动影响着台江苗族体育。

文化总是在不断地流动和传播中存在的，这种相互的流动和传播的影响实际就是一种文化的互动，在文化互动的过程中，必然会造成不同文化的相互影响。对于台江县早期体育来说，苗族传统体育属于强势文化，而其他体育，主要是西方现代体育是弱势文化，早期两种文化互动的结果是苗族传统体育整合了西方现代体育，施洞镇篮球就是一个鲜明的实例，它的组织、管理、实施等各个方面完全是按照苗族传统体育的模式进行的。

在不同文化之间的互动中，教育在文化濡化中扮演着重要角色，这既包括了学校体育中的西方现代体育，也包括了民族民俗活动内容。台江县民俗文化中的文化濡化和学校教育中的文化濡化起着巨大作用，传统体育在民俗强大的约束作用下，让人们保持着传统的形式，而学校体育中的教育强力推进了西方现代体育项目的发展，经过长期的文化濡化效果，台江县苗族体育已经成为传统和现代的交融结合方式的产物。

(三)文化自身的矛盾冲突与分化引起体育变迁

人类在漫长的社会历史中创造各种形态的文化形式，人类从最早期的生产和生活资料的争夺便产生着各种冲突，后来发展到包括价值观念、宗教信仰、国家边界等的冲突和争夺。冲突在人类历史上从来就没有停止过，文化的冲突使文化发展产生了巨大变迁。而当一种文化形态产生后，它便形成一种固定的文化模式，一种传统或习俗，这种传统或习俗一旦形成，便不会轻易改变，这便是我们通常所说的“文化惰性”。这种“文化惰性”从某种意义上来说也是使得族群文化得以保持和继承下来的一个重要因素。而文化变迁正是一种对于自身“文化惰性”的克服。

台江县由于历史上苗族传统文化保持较为完整，加之苗族人口占了绝大多数，因而其传统深深渗透于苗族人民的“血液”当中。在国家政治、经济、文化发展的前提和背景下，随着新的文化形态、文化形式的产生，如西方的现代体育，其他民族传统体育，这些文化与苗族传统体育便开始了“争斗”，是西方的体育好还苗族传统体育好，现代新兴体育项目好还是民族传统活动好，苗族体育便在这种“争斗”中逐渐克服“惰性”，产生一种新旧文化、传统与现代、本民族与他民族之间体育的整合和分化，而最终引起苗族体育的变迁。因而产生了“苗族篮球”，姊妹节中的漂流、散打、接力赛、拔河、徒步等新的苗族体育，而台江县的苗族体育也开始产生分化，诸如传统体育和现代体育、城镇体育和村寨体育。冲突与分化的最终目的在于整合，在新旧文化之间，传统与现代文化之间，苗族与他民族之间的冲突和分化中，台江县苗族体育在相互吸收、调和和融合之后，逐渐走向了整合，从而产生现代社会中具有自身特色的苗族体育形态。

导致台江县苗族体育变迁的另一个重要原因是近几年旅游事业的发展，台江的姊妹节、独木龙舟节世界闻名，随着民族文化旅游事业的发展，到台江县旅游的人数越来越多，许多民族传统体育已经成为旅游中的重头戏，在经济利益的驱使下，人们为了迎合游客“喜好”而进行的文化展演，使得文化因“过度开发”已经开始失去了民族文化的“本意”。

如果从台江县苗族体育变迁的内在动因来考察，其主要体现在三个历史阶段，第一阶段，大概在20世纪50年代初期之前，这一历史时期台江县苗族体育处于自然发展状态，这一阶段台江县总体处于一个相对封闭的社会形态，与外界的接触相对较少，尽管也有部分与“他文化”的交流，但是这种交流仅仅是局部的、少量的，从总体来看，还不足以引起整个体育的变迁。第二阶段，从20世纪50年代初期到20世纪80年代中期，这一历史时期推动台江县苗族体育变迁的内在动因主要是国家各种制度和政策的变革。新中国的建立改变了当地原有的各种民族政治制度、经济体制、文化体制，这种全国自上而下的制度改革和变迁对台江县苗族体育变迁产生了较大影响。第三阶段，从20世纪80年代中后期，国家总体的改革开放和社会经济的飞速发展使台江县苗族体育进入一个崭新时代。一方面是当地人大量的外出打工和探亲访友，各种商业交往和贸易，奠定了人与人交流的基础，打破了原本封闭的社会形态，一方面旅游事业的兴起导致了外来数以万计的游客进入当地，各种思维、观念、文化模式交汇在一起，彼此产生了较大的影响，另一方面现代社会经济和科学技术的发展使得信息的获取获得了及时性的特征，电视的普及、网络、电话等现代社会交流信息出现全球化的特征，使全世界人们的社会生活距离彼此靠近。经济全球化、社会信息化、文化多元化的现代化特征对于台江县苗族体育的变迁和发展起到了至关重要的作用。

第二节　台江县苗族体育变迁规律

规律是必定如此的东西，但规律也是相对的，在不同的历史条件下可能会发生一定的变化，而且理论来自实践，实践才是检验真理的唯一标准，本研究是通过一定历史阶段的考察、研究，对其规律进行尝试性探讨，未必是规律或者说是“绝对规律”，研究寄希望作出初步总结，能在以后的实践中得到进一步的检验和修正。

通过对现代化进程中台江县苗族体育变迁状况和原因分析研究，本研究对现代化进程中台江县苗族体育变迁和发展规律总结如下：

①台江县丰富多彩的体育活动及其他各种民俗文化活动是当地苗族人交流的纽带，维系着当地苗族的民族认同、民族身份、共同的民族心理素质，这些活动对增强其民族情感、促进民族凝聚力和加强民族精神起着强大支撑作用。苗族之所以成为苗族，是因为他们有着共同的习俗、共同的生活习惯、共同的信仰、共同的民族认同、共同的民族心理素质等各种“共享意义”。数千年的历史长河中，苗族并没有文字的记载，苗族人民在一定约定俗成的规则和规范下，通过参与各种丰富的体育活动和民俗文化活动，以各种肢体语言和符号，共同享受族群的“共享意义”，而使苗族在数千年的历史发展中创造和维持了苗族的优秀文化和苗族的精神内核。

②台江县苗族传统体育主要存在于各种民俗节日活动当中，传统体育活动的民间“习惯法”在发展中具有巨大的约束和制约作用。在现代化进程中，苗族体育与其他文化娱乐活动，以及与其他民族的体育交叉互动，相互促进、相互影响，呈现出各种文化娱乐活动交融态势。苗族传统体育与苗族人民的宗教祭祀、民族信仰和生产、生活娱乐密切相关，它与其他民俗文化事象的共同追求是一致的，在长期的社会历史发展中，它们始终存在于固定的民俗活动节日当中，交织发展、相互融合，是苗族人民社会生活中的重要内容。现代社会发展的特征使它们的互动与交融更加明显，更加表现出了社会文化融合的时代特征和发展趋势。

③经济的发展水平与苗族体育活动的开展并不成正比关系，经济的发展对体育有一定影响作用，但并不起决定作用，但经济的利益观对苗族传统体育的价值观会产生较大冲击和一定扭曲，在体育发展的进程中，政府的政治影响是重要因素。在台江县苗族体育的历史考察研究中，苗族人民的社会生活相对封

闭，各种文化活动其主要追求“娱乐”、“玩耍”、祭祀、庆典，因而在历史发展的进程中，除了当人们社会生活极度贫困，关乎生存的状态之时，苗族人民从未离开过各种娱乐活动方式，而且这一传统和习惯在当前仍然具有强烈的约束力，尽管现代社会生活的经济利益开始冲击和扭曲苗族体育的发展，但从苗族体育的整体发展历程来看，其体育与经济水平状况并不呈现一定的比例关系，经济的发展对体育有一定影响作用，但并不起决定作用，相比之下，国家政策和行政干预的作用更为明显。

④台江县传统苗族体育的“同一性”与“差异性”并存，尽管各地传统体育的物质形态层面或者制度行为层面存在差异，但是其核心内核层面是一致的，传统苗族体育的精神思想层面具有同一性。

从人类文化形成的历史过程来看，人类的衣食住行在最开始的时候仅仅是一种生活的需要，其文化的含义较少，当人类社会发展到一定的阶段之后，衣食住行已经具有了文化的含义，各个民族的衣食住行由于自身的文化的影响，都具有了文化的内涵在内。每一个民族都有衣食住行，但各不相同，如“吃”的文化，“吃”最早是解决饥饿的问题，然后逐渐发展到“怎么吃”的问题，即具有了不同的文化意义，不同文化之下的吃的方法各是不同的，所以具有了不同的“吃”的文化。以此类推，各民族的其他衣食住行的文化的表现就是怎样衣，怎样食，怎样住，怎样行，不同的方式表现着不同的文化。民族传统体育的发展同样具有这样的原理，人们最初都是为了防病、治病，娱乐身心，祭祀信仰，但是怎样防病治病，怎样娱乐身心，怎样祭祀信仰，这些不同造就了不同的传统体育文化和传统体育项目。究其原因，其不同主要是由于气候、地理条件不同，生活、生产方式不同，科学技术和生产力发展水平等因素所导致的人们对自然、社会、人类的种种神秘现象的认识不同，从而所产生信仰、宗教祭祀等精神生活的不同，这些不同所产生的体育活动经过一代一代传递下来就形成了传统，即我们现在的民族传统体育。另外，如果还有一个原因的影响的话，那就是各民族的发展过程中，不同民族之间的文化交流和影响所导致。

台江县历史和现实的考察表明，尽管各个地区苗族体育在制度行为层面和物质形态层面具有一定差异，不同乡镇苗族的体育项目、体育活动方式或者所采用的物质手段并不一样，但是他们是在用不同的活动方式来表达同样的意义，达到同样的追求，其核心层次具有高度“同一性”，这与苗族文化的总体特征保持着一致，同样形成了苗族体育文化的“多元一体和一体多元”的特征。

第三节　台江县苗族体育发展对策

研究的终极目标是得到科学的解释——发现与记录人类行为的普遍法则。而另外一个重要的原因是为了了解世界的运作模式，这样人们才能控制或预测事件的发生。[①] 研究的目的是找出规律，找出规律是为了应用，应用是为了发展，"发展才是硬道理"。本研究通过对台江县苗族体育现代化进程中的变迁、互动与交融状况的考察，结合施洞镇苗族体育的田野考察，对台江县苗族体育发展提出以下建议和对策：

第一，充分尊重科学、重视知识，加大科学研究力度，对苗族体育发展进行正确的引导和科学化、规范化的管理。

科学是正确的知识，任何事物的发展都需要科学的指导，需要以正确的理论知识为指导，事物发展的方法、途径、技术不是靠个人的主观臆测和主观感觉，而是需要对于事物的正确认识和掌握正确的方法、技术。我们要正确认识科学和知识的重要性，积极进行科学研究，以科学研究的严谨态度，探寻苗族体育发展的特征和规律，为台江苗族体育的发展提供科学的理论指导和科学实践方法，对各种体育活动进行科学化、规范化的管理，促进台江县苗族体育又快又好地发展。

第二，政府加大重视，采取各种措施，从苗族体育文化结构的精神层面、制度行为层面以及物质形态三个层面的视角出发，积极挖掘、整理苗族传统体育项目，使许多濒临消失的或者已经消失的体育项日得以恢复。

体育是苗族人民的一种重要文化事象，现代化进程的加快给台江县一些传统体育带来了巨大的冲击，使得一些体育文化遗产遭到破坏，逐渐开始消失，而这些现在我们无法判定其优劣和价值的文化，我们不能任其自由发展，甚至逐渐消亡，对于传统项目的挖掘、整理最重要的是要挖掘和整理出文化的全部内涵，特别是精神层面，而不仅仅是外在的器物或者方法制度行为层面，而更重要的是这些制度行为或者器物后面所代表的核心"意义"。

第三，借助政府力量和民间力量，进一步加大对苗族体育的宣传和推广，以姊妹节和独木龙舟节等各种民族传统特色活动为依托，打造体育、旅游、文

---

① 劳伦斯·纽曼．社会研究方法——定性和定量的取向[M]．郝大海译．第5版．北京：中国人民大学出版社，2007：91.

化三位一体的原生态民族风情旅游和民族体育旅游品牌，构建苗族体育旅游产业发展模式。

台江姊妹节和独木龙舟节现已成为世界品牌，苗族体育的发展应充分抓住这一有利条件，在民俗节日中展示苗族体育的文化原生态内涵，要以文化的内涵和特质为主，保证苗族体育的文化性和原生态性，使苗族体育立足台江，走出贵州，走向国外。

第四，在苗族体育发展过程，正确处理传统与现代、继承与发扬、保留与扬弃的关系。

在民族文化的发展过程中，社会的发展必然面临传统文化与现代文化的冲突，如何继承与如何发扬，应该保留什么，应该摒弃什么？在对待这些问题与矛盾时，首要的是要尊重民族文化演变的历史规律，尊重当地苗族文化习惯，尊重苗族传统体育风俗和习惯，当某种体育我们无法判定其价值时，我们需要的是先继承，如果能清晰判断价值时，我们则需要正确地引导和管理，在保留与摒弃中处理台江苗族体育的传统与现代、继承和发扬的问题。

第五，正确处理苗族体育与其他文化娱乐活动以及其他民族体育活动的互动、交融关系，充分发挥文化的“采借”作用，进一步充实和发扬苗族体育，促进苗族体育的发展。

台江苗族体育多数存在于民俗活动和民俗节日中，与其他民俗文化活动交织在一起，文化之间的“采借”对于文化的发展具有较大益处，各种文化活动的互动、交融，相互补充影响，共同构造了各种民俗活动的主体内容。在这些民俗活动中正确处理苗族体育与其他文化活动的关系，对于苗族体育和其他文化活动可称相得益彰，苗族体育正是要借助其他文化形态的优势，进一步充实和发扬苗族体育。

第六，正确对待传统体育与经济效益的问题，保持苗族体育的原生态特性，防止传统体育的异化和消失。

现代化进程中，经济利益对于苗族体育价值观产生了巨大冲击和扭曲，民族体育旅游中文化的展演是一个重要的内容，而许多地区为了迎合游客的“喜好”，随意改变自己的传统文化，创造自己的“文化”，在展演中已经失去了文化的真实性。这一方面对民族传统文化造成了巨大的扭曲和损坏；另一方面，旅游者对这种“异化文化”并不感兴趣，真实的文化和原生态的文化才是他们的追求，这种行为的结果只有导致文化的异化和消失，因而外面需要正确处理两者之间的关系，创造一个共赢的模式。

第七，充分利用学校教育传播民族文化的重要作用和途径，发挥学校体育传播、传承和发扬苗族体育文化的重要作用。

从形式上来说，教育是一种培养人的活动，而学校教育是国家实现教育目标最重要的手段和途径，它是一种系统的、有组织的文化知识传播方式，关于苗族体育的传播、传承、继承、发扬，学校体育是其最有效的方式和手段，在正确认识和理解苗族体育内涵的基础上，采用有效的方法和手段在学校体育中引入苗族体育，一方面能有效继承和发扬苗族体育文化，而另一方面也能充实台江县学校体育课程内容，使二者得到双赢发展。

第八，正确认识现代社会苗族体育的健身和娱乐功能，积极、正确引导苗族人民的参与体育的健身、娱乐价值取向。

苗族传统体育在现代化过程中的变迁，早期的宗教祭祀、信仰活动、防病治病、娱乐身心价值追求中，宗教祭祀、迷信和信仰占了很大的成分。随着科学技术的发展，社会的现代化，人们越来越科学地认识世界，因此，对于传统体育中宗教信仰、迷信色彩的成分就越来越少，而随着社会的进步，苗族地区现代化进程的加快，以及文明程度的不断提高，苗族传统体育在价值追求中的宗教、迷信色彩逐渐减弱，娱乐和健身成分却越来越增加。因而开发苗族传统体育的娱乐和健身功能，把苗族传统体育的价值追求引导到娱乐和健身上，将是现代化进程中苗族传统体育发展的主要方向。

第六章
研究总结

本研究以辩证唯物主义和历史唯物主义为指导思想，坚持理论与实践相结合，以唯物辩证法为根本观点，以理论指导实践。在其指导下是典型个案的深入调查，质的研究方法参与调查的运用。本研究为“质的研究”在民族传统体育研究中的应用，“质的研究”研究更多以呈现事实的视角和方式进行，以描述当事人事实的方式展示材料，研究主要通过个案研究，进而归纳总体，因而笔者更多想通过台江县个案事实的呈现，不仅表达当地人的观点和自己的见解，而且期望能让读者能在了解事实基础上能够产生共鸣和不同见解，以期能共同分享苗族体育文化的内涵。另外，笔者是在台江县个案的基础上探索苗族体育状况，尽管这种“解剖麻雀”的方式不一定能完全反映整个苗族体育状况，但是“以小见大”的视角和“解剖麻雀”的方法在科学研究历史上是有许多成功案例的，而笔者更多的是持一种探索的想法，以一种呈现材料的方式进行写作，作品主要研究台江县苗族体育，因而在研究中更多只能以“台江县苗族体育”的措辞进行表述，对于现代化进程中整个苗族体育的状况仅仅以台江县苗族体育研究的启示表述。

第一节　现代化进程中台江县苗族体育研究总结

研究以台江县为个案，对现代化进程中苗族体育历史资料的分析为基础，通过典型个案的深入调查和实地调查，从历史纵向和现实横向相结合的视角，分析研究了现代化进程中台江县苗族体育的变迁、互动、交融与发展状况，总结了台江县苗族体育变迁的总体特征、现实特点，变迁的影响因素和变迁规律，从总体研究过程分析，对研究成果总结如下：

总结一：台江县苗族体育变迁的总体特征

①传统与现代相结合。

在现代化进程中，台江县苗族体育就是传统体育与现代体育共同发展，并实现了良好的交融，体现出传统与现代结合的特征；②原生态与功利性相并存。尽管许多地区的苗族传统体育受到功利性的驱使，人们的价值观开始受到经济利益的冲击和扭曲，但是许多原生态苗族传统体育依然坚固，与现代化进程中功利性体育的发展形成了二者并存的局面；③民间调适与政府调控并行。民间的“体育习惯法”与政府之间的宏观调控这两种力量在苗族体育发展中起着重大作用，民间自身的调适力量与政府的宏观介入调控两者并行，推动苗族体育发展；④独立、互动与交融相伴。现代化进程苗族体育体现出自身传统体育的独立性发展，与其他体育相互影响、相互促进，并在发展中逐步交融；⑤集中性与浓缩性共存。现代社会的发展促进了苗族民俗节日的集中性，许多民俗节日逐步浓缩为几个大型的、综合的、集体的节日，伴随节日的浓缩性，各种苗族体育逐步浓缩和集中于几个重大节日当中。

总结二：台江县苗族体育的现实特点

①在精神思想方面：苗族传统体育的祭祀、娱神、祭祖、娱物的内涵已经完全淡化，逐渐退出体育追求之外，部分地方还保留了其原来的形式，但其原本的核心文化追求已经逐渐消失；现代体育追求已经开始融入苗族体育内涵，追求健康、长寿和健身的意识已逐渐普及，但在许多地区，体育的价值观受到了经济的冲击和扭曲，体育作为一种经济利益的获得手段被过度开发而出现了文化失真；体育作为一种生活中精神和身体放松的方式，一种情感表达和宣泄的手段，一种娱乐、玩耍，愉悦身心的方式，作为一种寻求共同的民族心理素质，一种增加亲戚、朋友和族群之间的交往与交流，促进情感的交融，增强民族情感、民族凝聚力和民族精神的文化娱乐活动的内涵并没有减少，反而有所增强。②在制度行为方面：各地区的体育项目及其形式具有各自特点，项目和形式并不一致和相同，其组织、管理甚至资金的募集方式基本一致，主要以民间自发，依靠民间体育的“习惯法”为主，政府适当介入大型的、综合的节日活动；传统体育项目与现代体育项目和其他民俗文化活动相互依附、相互交融，共同存在于民俗活动节日活动当中；现代旅游对苗族传统体育的发展产生了较大影响，经济利益驱使下，一些项目的习俗、规则和方法开始改变，传统的体育习惯法面临着异化的挑战。③物质形态方面：传统体育项目对于场地器材要求不高，多数是因陋就简，取材于日常生活环境之中，或者利用自然生态环境条件，并与非传统体育项目的场地实现资源共享，而且现代体育项目的器材场地建设逐步受到重视，物质设备建设以现代体育为主，逐步加大建设。

总结三：变迁的原因

现代化进程中，生产方式与生活方式与外来文化之间的互动、冲击与碰撞，以及苗族体育自身的矛盾与冲突是导致台江县苗族体育变迁的宏观原因；而当地人外出打工和旅游事业发展所导致的人口流动带来了文化意识观念的改变，现代社会经济和科学技术的发展使得信息的获取具备了及时性和便捷化的特征。另外，国家制度、政策变革所产生的政府主导力量的作用是台江县苗族体育变迁得以实现的内在动因。

总结四：变迁的规律

①丰富多彩的传统体育活动及其他各种民俗文化活动是苗族人民社会生活中社会交往、情感交流的纽带，是增加交流、增进情感联络，促进族群身份认同，构建苗族共同心理素质，增强民族团结，构建苗族和谐社会的重要手段，它对增强民族情感、促进民族凝聚力和加强民族精神起着强大支撑作用；数千年的苗族历史长河中，苗族并没有文字的记载，苗族人民通过参与各种丰富的体育活动和民俗文化活动，共同享受族群的"共享意义"，而使苗族在数千年的历史发展中创造和维持了苗族的优秀文化和苗族的精神内核。

②苗族传统体育主要存在于各种民俗节日活动当中，传统体育活动的民间"习惯法"在发展中具有巨大的约束和制约作用；在现代化进程中，苗族体育与其他文化娱乐活动，以及与其他民族的体育相互依附、相互影响，呈现出各种文化娱乐活动交融发展态势；苗族传统体育与苗族人民的宗教祭祀、民族信仰和生产、生活娱乐密切相关，它与其他民俗文化事象的共同追求是一致的，在长期的社会历史发展中，它们始终存在于固定的民俗活动节日当中并与之相互融合。现代社会发展的特征使它们的这种互动与交融更加明显，更表现出了社会文化融合的时代特征和发展趋势。

③经济的发展水平与苗族体育活动的开展并不成正比关系，经济的发展对体育有一定影响作用，经济的利益观对苗族传统体育的价值观会产生较大冲击和一定扭曲，在体育发展的过程中，政府的政治影响是重要因素。

④台江县传统苗族体育的"同一性"与"差异性"并存，尽管各地传统体育的物质形态层面或者制度行为层面存在差异，但是其核心内核层面是一致的，传统苗族体育的精神思想层面具有同一性。

总结五：发展对策与建议

第一，充分尊重科学，重视知识，加大科学研究力度，对苗族体育发展要进行正确的引导和科学化、规范化的管理；第二，政府加大重视，采取各种措施，从苗族体育文化结构的精神层面、制度行为层面以及物质形态三个层面的视角出发，积极挖掘、整理苗族传统体育项目，使许多濒临消失的体育和已经消失的体育得以恢复；第三，借助政府力量和民间力量，进一步加大对苗族体育的宣传和推广，以姊妹节和独木龙舟节等各种特色活动为依托，打造体育、旅游、文化三位一体原生态民族风情旅游和民族体育旅游品牌，构建苗族体育旅游产业发展模式；第四，在苗族体育发展过程，正确处理传统与现代，继承与发扬、保留与摒弃的关系；第五，正确处理苗族体育与其他文化娱乐活动以及其他民族体育活动的互动、交融关系，充分发挥文化的"采借"作用，进一步充实和发扬苗族体育，促进苗族体育的发展；第六，正确对待传统体育与经济效益的问题，保持苗族体育的原生态特性，防止传统体育的异化和消失；第七，充分利用学校教育传播民族文化的重要作用和途径，发挥学校体育传播、传承和发扬苗族体育文化的重要作用；第八，正确认识现代社会苗族体育的健身和娱乐功能，积极、正确引导苗族人民的参与体育的健身、娱乐价值取向。

第二节　台江县苗族体育研究与苗族体育发展启示

我们在研究人类任何文化现象时都会碰到个案与整体的问题，即"点"与"面"之间的关系该如何处理，"点"能代表"面"吗？任何整体都是由个体逐步升级构成的不同层次的整体，如果要真正说明问题，那只有去研究每一个点，然后再来总结由不同"点"组成的"面"，如果只有这样才称得上真理，那显然我们是无法把握真理的。在特定的条件下，可以认为有些"点"具有较大的代表"面"的层次，但那始终不是真正的"面"，也就是也有出错的概率，如果为了追求真理，我们始终无法达到真理，这显然是一种谬辩。因此，在一定意义上来说，我们研究的"点"是不能代表"面"的。但是，人类学的研究是通过"点"去理解"面"，而不是以"点"代"面"。这就是我们通过个案研究整体的观点或者说是方法论，并且笔者认为其方法是合理而有效并对于社会研究是可行的。艾尔·巴比认为：即使研究者将他们的注意力集中在单个案例研究……同样地，全面理解某个个体的尝试，是要为对人的理解或对某类人的理解提供基础。[①] 中国台湾人类学家李亦圆先生也认为，人类学研究主要是文化研究揭示的是价值观念，

① 艾尔·巴比．社会研究方法(第10版)[M]．邱泽奇译．北京：华夏出版社，2005：16.

而不仅仅是行为表象，而文化价值观念是具有“普遍性”的，也就是说我们探讨的是“共享的内在意义”，而不是外在的物质或行为层次。

本研究尽管主要是探讨台江县苗族体育发展状况，但正如艾尔·巴比所言，尽管是一个小地方的研究，但这种小地方或个体的研究是为了突出理解整体。笔者期望能够通过对于台江县苗族体育的研究，为理解贵州省苗族或者整个苗族体育提供一定的理论基础。

一、理论启示

启示一：“小地方与大问题”

人类学家常常通过研究特定某个教堂，来为宗教在人类生活中所起作用的研究做参考，或者研究某种音乐，以此了解音乐在特定社会中的角色，又或者研究乡村中的一小群妇女，来理解人类生活中更大的性别问题。[①] 苗族尽管分布较广，但总体上呈现“大杂居、小聚居”的分布状态，各个地区苗族体育的具体形式和发展状况不尽相同，但总体上苗族体育在历史发展进程中形成了“多元一体”和“一体多元”的特征。虽然是个案研究的探寻，但从文化的内在同一性来说却具有普遍意义，或是具有普遍解释意义，特别是对于一定的“类别”来说。正如费孝通先生所言：一切事物都是在一定条件下存在的，如果条件相同就会发生同样的事情……江村不是中国农村的典型，但它是具有一定条件的中国农村，而且在中国也存在着江村这样的农村……如果我们用比较的方法把中国农村的各种类型一个一个地描述出来，那就不需要把千千万万个农村一一地加以观察而接近于了解中国所有的农村了。[②] 台江县苗族体育是苗族体育类型中的一种，尽管是对于个案的研究，但更多是从宏观的理论层面进行辨析。从政治、经济、文化背景的总体状况来看，与贵州省其他地区的苗族或者整个苗族体育是一致的，以台江县的研究来理解整个苗族体育状况，应该具有一定的解释意义，寄希望台江县苗族体育的研究对于我国苗族体育研究具有一定的参考、借鉴和理解意义。

本研究考察的是台江县苗族体育的状况，笔者通过总体历史的变迁考察，以施洞镇作为个案研究，个案考察的结果与总体资料考察结果具有较大的相似性，更或者说由于经济状况的差异，它们在某个历史时期达到了高度的一致性。

---

① 卢克·拉斯特．人类学的邀请[M]．北京：北京大学出版社，2008：60.

② 北京大学社会学人类学研究所．东亚社会研究[M]．北京：北京大学出版社，1993：15—16.

台江县作为苗族高度聚居地，而且其在历史发展过程中苗族文化保持较为完整，现代化进程中苗族体育的发展历程与其他许多地区具有较高的相似性，他们所产生的政治、经济、文化背景大致相同，从某种意义上来说，通过对它的理解，我们可以更多了解苗族体育状况。所以，尽管考察的是一小部分，但它能指向更为广泛的议题，研究的是台江县苗族体育，而更多可能性是能理解贵州苗族体育或者我国苗族体育。

启示二：苗族体育具有“同一性与差异性”

苗族之所以为苗族，是因为他们文化学的意义，享有共同的文化，而不是其生物学的意义。苗族体育之所以为苗族体育，是苗族体育具有了共享的苗族核心文化的精神思想层面，具有苗族文化的内涵和特质。台江县各个地方苗族体育的形态并不一样，而且存在一定的差异，但是这种差异表现在苗族体育的行为层面或者物质形态层面，如有的地方是划龙舟、有的地方是踩鼓，而有的地方是跳芦笙，但是其精神思想层面是一致的。有芦笙的地方通过跳芦笙来娱乐、社会交往、情感宣泄，有踩鼓的地方通过踩鼓来娱乐、社会交往、情感宣泄，它们的形式存在差异，而内涵是同一的。而我们研究的目的正是要通过同一性和差异性来掌握事物发展的规律，在苗族体育的研究中，我们需通过不同形式的差异，得出精神内涵的同一性。

启示三：面临的问题与解决方法

施洞镇是一个个案，台江县是一小地方，但他们是典型的苗族聚居地，具有苗族文化特质，他们正面临着现代化进程中文化多元化、经济全球化、信息网络化所带来的传统与现代，互动与交融，继承和发扬，保留和摒弃的问题与矛盾，而这一问题也正是其他苗族地区苗族体育所遭遇的问题，尽管台江县苗族体育的调查研究结果可能与其他地区不一致，产生的原因也可能有较大差异，但是同样文化面临同样的问题，其解决的方法也有可能一致或者相似。

二、现实启示

启示一：

施洞镇苗族建构了一种新型的、特有的“苗族篮球文化”发展模式，利用当地传统体育的组织、管理和经费募集的方式来开展现代篮球运动，并有效利用了苗族传统体育社会交往、感情联络、增加交流、增进民族情感和民族凝聚力，锻造民族精神的文化功能。这种模式利用了最少的资源，创造了最大的效益。这种在经济发达水平并不高的民族地区发展现代体育的模式，为贵州省乃至全国其他少数民族经济欠发达地区民族体育的发展提供了一种有益的参考和借鉴，是我们当前一个历史阶段解决少数民族经济欠发达地区体育发展的一种有效途径和方法，是值得其他地区和其他民族体育发展参考和借鉴的。

启示二：

台江县姊妹节、独木龙舟节等民俗节日活动的开展状况无疑给予我们两点启示：①现代社会中，体育与其他民俗文化活动之间常常是相伴而行、相互依存，总体上处于一种互动与交融状态，体现一种你中有我、我中有你的特征。民族传统体育的发展必须与其他民俗事象相结合，形成一种综合的、全方位的多种文化相互合作、相互协调的共同发展的模式；②结合民族传统文化特色，打造民族文化品牌，构建民族文化、旅游、体育相结合的综合发展体系模式。这是促进民族地区经济和社会发展，促进民族体育发展的有效途径和方法，而在民族品牌构建中，保持民族文化的特色和原生态本质是核心和关键。

启示三：

施洞镇独木龙舟节、姊妹节和春节中，外出打工者以及正在外地工作的当地人在传统节日中，从各个地方赶回家乡参加和组织各种活动，这一方面说明各种民俗活动对于增进民族情感，增加民族凝聚力，促进了社会和谐具有重要作用；另一方面同时也说明了现代化进程中，尽管现代科学技术和各种他文化对民族文化的冲击日益加深，但在某种程度上，这种冲击并没有完全导致民族文化的削弱或消失，似乎反而有所加强，使得民族的族群性和民族意识更得到了增强。由此见得，这不仅是对于施洞镇苗族体育，甚至对于整个苗族体育乃至其他少数民族体育的认识和发展都具有重要的现实意义。

附录

田野调查内容提纲

一、时间及频次

1. 活动的具体时间；

2. 活动的持续时间；

3. 活动的总时间：每年中各项活动时间总和；

4. 时间比例：每年单项活动与活动总时间比例；

5. 时间序列：各项活动在每年中安排的先后顺序；

6. 活动的频次及比例：体育活动的次数及在整个活动中的次数比例。

二、地点：活动发生于何处

1. 活动发生的具体地点；

2. 活动发生的背景地点。

三、人物：活动参与主体，即哪些人卷入了这次活动

1. 年龄状况：儿童、中青年、老年状况；

2. 职业分类状况。

四、过程：活动内容与结构

1. 活动中举行的具体内容；

2. 各种具体活动安排的顺序或每年的活动内容的安排顺序。

五、目的与作用成果

1. 目的：人们想要完成什么事情或想要达到什么效果?

2. 作用或结果：活动达到了什么效果或产生了什么影响?

六、活动的规模

1. 参与的人数和来源；

2. 涉及的领域或范围；

3. 资金的投入及其来源；

4. 活动项目的多少。

七、工具：人们使用了哪些器械及其来源

八、活动的组织、管理与制度保障

1. 组织机构及形式；

2. 管理机构及方法；

3. 保障制度及经费来源。

九、人们对活动的观点：活动的本质内涵

1. 活动对当地人意味着这什么？

2. 当地人对活动的观点、看法、价值观、情感、态度、动机等。

3. 活动对于局外人意味着这什么？

4. 局外人对活动的观点、看法、价值观、情感、态度、动机等。

参考文献

[1]安东尼·吉登斯. 社会学(第四版)[M]. 北京：北京大学出版社，2003.

[2]李强. 中国社会变迁30年(1978—2008)[M]. 北京：社会科学文献出版社，2008.

[3]杨圣敏，丁宏. 中国民族志[M]. 北京：中央民族大学出版社，2003.

[4]熊玉有. 苗族文化史[M]. 昆明：云南民族出版社，2003.

[5]石启贵. 湘西苗族实地调查报告[M]. 长沙：湖南人民出版社，1986.

[6]岑秀文. 苗族[M]. 北京：民族出版社，1993.

[7]陈华文. 文化学概论[M]. 上海：上海文艺出版社，2001.

[8]劳伦斯·纽曼. 社会研究方法——定性和定量的取向[M]. 郝大海译. 第5版. 北京：中国人民大学出版社，2007.

[9]卢克·拉斯特. 人类学的邀请[M]. 王媛，徐默译. 北京：北京大学出版社，2008.

[10]庄孔韶. 人类学概论[M]. 北京：中国人民大学出版社，2006.

[11]宋蜀华，白振声. 民族学理论与方法[M]. 北京：中央民族大学出版社，1998.

[12]托马斯·旭兰德·埃里克森. 小地方，大论题——社会文化学导论[M]. 董薇译. 北京：商务印书馆，2008.

[13]邬昆如. 哲学概论[M]. 北京：中国人民大学出版社，2005.

[14]陈向明. 质的研究与社会科学研究[M]. 北京：教育科学出版社，2000.

[15]国家统计局人口和社会科技统计司，国家民族事务委员会经济发展司. 2000年人口普查中国民族人口资料(上)[M]. 北京：民族出版社，2003.

[16]贵州省地方志编纂委员会. 贵州省志·民族志[M]. 贵阳：贵州人民出版社，2002.

[17]台江县人民政府网. www. gztaijiang. gov. cn.

[18]A Maxwell Joseph. 质性研究设计[M]. 陈浪译. 北京：中国轻工业出版社，2008.

[19]J. Amos Hatch. 如何做质的研究[M]. 朱光明，沈文钦等译. 北京：中国轻工业出版社，2007：7—9.

[20]周大鸣. 人类学导论[M]. 昆明：云南大学出版社，2007：55.

[21]翁家烈. 中国苗族风情录[M]. 贵阳：贵州人民出版社，2002：175—176.

[22]诺曼·K. 邓津，伊冯娜·S. 林肯. 定性研究：经验资料收集与分析的方法(第3卷)[M]. 风笑天，周晓春等译. 重庆：重庆大学出版社，2007：683—694.

[23]艾尔·巴比. 社会研究方法(第10版)[M]. 邱泽奇译. 北京：华夏出版社，2005.

[24]鲁思·本尼迪克特. 菊与刀(插图评注版)上、下[M]. 刘锋译. 北京：当代世界出版社，2008.

[25]麻国庆. 走进他者的世界[M]. 北京：学苑出版社，2001.

[26]陈华文. 文化学概论[M]. 上海：上海文艺出版社，2001.

[27]林耀华. 民族学通论(修订本)[M]. 北京：中央民族大学出版社，1997.

[28]司马云杰. 社会文化学[M]. 济南：山东人民出版社，1987.

[29]王鸣名. 布依族社会文化变迁研究[D]. 中央民族大学博士论文，2005.

[30]谭华. 体育史[M]. 北京：高等教育出版社，2009.

[31]《育史》教材编写组. 体育史(第二版)[M]. 北京：高等教育出版社，1996.

[32]关文明.《体育史学习指导》[M]. 北京：科学出版社，1999.

[33]乔克勤，关文明. 中国体育思想史[M]. 兰州：甘肃民族出版社，1993.

[34]方征. 少数民族传统体育学概论[M]. 北京：中央民族大学出版社，2009.

[35]童昭刚，孙麒麟等. 人文体育——体育演绎的文化[M]. 北京：中国海关出版社，2002.

[36]贵州省台江县志编纂委员会. 台江县志[M]. 贵阳：贵州人民出版社，1994.

[37]卢勋等. 中国少数民族现状与发展调查丛书：台江县苗族卷[M]. 北京：民族出版社，1999.

[38]黄平波. 黔东南民族民间传统体育教程[M]. 成都：电子科技大学出版社，2009.

[39]杨善民，韩锋. 文化哲学[M]. 济南：山东大学出版社，2002.

[40]全国人民代表大会民族委员会办公室. 贵州省：台江县苗族的节日[M]. 1958.

[41]《民族问题五种丛书》贵州省编辑组，《中国少数民族社会历史调查资料丛刊》修订编辑委员会. 苗族社会历史调查(一)[M]. 北京：民族出版社，2009.

[42]全国人民代表大会民族委员会. 贵州省台江苗族的宗教迷信：苗族调查材料之二[M]. 北京：全国人民代表大会民族委员会，1958

[43]潘光华. 中国苗族风情[M]. 贵阳：贵州民族出版社，1990.

[44]中共中央关于加强人民体育运动工作的指示. 中华人民共和国体育运动文件选编[M]. 1957.

[45]袁伟民，李志坚. 中华人民共和国体育史(地方卷 1949—1999)[M]. 北京：中国书籍出版社，2002.

[46]伍绍祖. 中华人民共和国体育史(综合卷 1949—1998)[M]. 北京：中国书籍出版社，1999：183.

[47]白晋湘. 少数民族传统体育项目及其文化编目的价值与方法[J]. 体育学刊，2008，15(9).

[48]蒋伟翔，曹雷. 改革开放是决定当代中国命运的关键抉择[J]. 南京政治学院学报，2007，23(6).

[49]中共中央关于进一步发展体育运动的通知. 1984.

[50]国家体育委员会. 关于深化体育改革的意见. 1993.

[51]董雅丽. 改革开放 20 年思想解放运动的三次飞跃[J]. 兰州大学学报(社会科学版)

1999，27(1).

[52]周伟良. 中华民族传统体育概论高级教程[M]. 北京：高等教育出版社，2003：304.

[53]杨德涛. 借助凯里经济强体促进台江跨越发展[J]. 当代贵州，2010，(2).

[54]李书群. 西部大开发中的民族文化保护[J]. 理论导刊，2007，(6).

[55]吴一文. 苗族文化多样性保护的理论与实践——以台江县为线索[J]. 贵州文史丛刊，2004，(1).

[56]卢勋等. 中国少数民族现状与发展调查丛书：台江县苗族卷[M]. 北京：民族出版社，1999：205.

[57]鲁思·本尼迪克特. 菊与刀(插图评注版)下[M]. 刘锋译，北京：当代世界出版社，2008.

[58]庄孔韶. 人类学概论[M]. 北京：中国人民大学出版社，2006.

[59]冯胜刚. 贵州省少数民族传统体育与民族地区农村学校体育互动式发展的研究[C]. 民族体育论文集——第七届全国少数民族传统体育运动会科学论文报告会获奖论文集. 北京：民族出版社，2003.

[60]陶立璠. 民俗学[M]. 北京：学苑出版社，2003.

[61]王娟. 民俗学概论[M]. 北京：北京大学出版社，2002：170.

[62][美]露丝·本尼迪克特. 文化模式[M]. 王炜等译，北京：生活·读书·新知三联书店，1988.

[63][荷兰]J. 胡伊青加. 人：游戏者[M]. 成穷译. 第2版. 贵阳：贵州出版集团，贵州人民出版社，2007.

[64]彭华民，杨心恒. 社会学概论[M]. 北京：高等教育出版社，2006.

[65]叶涛，吴存浩. 民俗学导论[M]. 济南：山东教育出版社，2003.

[66]申茂平等. 贵州非物质文化遗产研究[M]. 北京：知识产权出版社，2009.

[67]吴德海. 东方斗牛文化[M]. 香港：香港新新出版公司，2008.

[68]陶立璠. 民俗学[M]. 北京：学苑出版社，2003.

[69]杨培春等. 中华龙舟文化研究[M]. 贵阳：贵州民族出版社，1991.

[70]余未人. 苗人的灵魂：台江苗族文化空间[M]. 哈尔滨：黑龙江人民出版社，2005.

[71]李文明. 贵州黔东南[M]. 北京：中国旅游出版社，2005.

[72]李延超，虞重干等. 论原生态体育的内涵——以苗族村寨体育为例[J]. 山东体育学院学报，2009，25(6).

[73]教育部. 中学体育器材设施配备目录，2002.

[74]张曾芳，张龙平. 论文化产业及其运作规律[J]. 中国社会科学，2002(2).

[75]李伟. 民族旅游地文化变迁与发展研究[M]. 北京：民族大学出版社，2005.

[76]陈建宪. 文化学教程[M]. 武汉：华中师范大学出版社，2004.

[77]北京大学社会学人类学研究所. 东亚社会研究[M]. 北京：北京大学出版社，1993.

[78]康秀云. 20世纪中国社会生活方式与现代化问题研究[D]. 东北师范大学博士论文，2005.

[79]贝迪阿·瓦尔马著. 现代化问题探索[M]. 周忠德，严炬新编译. 北京：知识出版社，1983.

[80]西里尔·布莱克著. 现代化的动力[M]. 杭州：浙江人民出版社，1989.

[81]罗荣渠. "现代化"的历史定位与对现代世界发展的再认识. 历史研究[J]. 1994(3).

[82]罗荣渠. 现代化新论[M]. 北京：北京大学出版社，1993.

[83]韩广富. 毛泽东中国现代化理论研究[M]. 长春：吉林人民出版社，2001.

[84]平杰. 现代化进程中的上海竞技体育研究[D]. 上海体育学院博士论文，2004.

[85]郑杭生. 社会学概论新修(修订本)[M]. 北京：中国人民大学出版社，1999.

[86]吴增基，吴鹏森，苏振芳. 现代社会学[M]. 上海：上海人民出版社，1997.

[87]理查德·A. 克鲁杰，玛丽·安妮·凯西著. 焦点团体：应用研究实践指南[M]. 林小英译. 重庆：重庆大学出版社，2007.

后 记

本书是作者在博士论文的基础上修改而成，在论文的撰写过程中，得到了诸多老师、朋友和家人的帮助与支持。借此机会，向这些老师、朋友和家人表示深深的谢意。

首先，要感谢的是我的导师李鸿江教授，在我的学习和生活中，恩师与我，既师亦友，既父亦兄，无论是在学习上还是在生活中，都给了我无微不至的关怀和照顾。恩师严谨的治学态度、踏实的工作作风、孜孜不倦的敬业精神、卓而不群的独特个性，时时震撼着我的心灵，感染着我的人格与理想。从恩师那里，所学到的不仅仅是做学问的精神和方法，更多的是为人处世之道，在此向恩师致以最崇高的敬意和最衷心的感谢！

其次，特别感谢福建师范大学黄汉升校长，老师的知遇之恩、提携之情，感谢对我论文的撰写的帮助，在此，特别感谢首都体育学院的周登嵩教授和福建师范大学的陈俊钦教授，感谢福建师范大学体育科学学院梅雪雄院长、洪泰田教授、陈作松教授、朱昌义教授、刘一平教授，谢谢你们悉心指导我的论文。

再次，真诚感谢北京体育大学池建教授、上海体育学院章建成教授、华南师范大学周爱光教授、华东师范大学季浏教授、苏州大学王家宏教授对我论文撰写中提出的宝贵修改意见。

另外，感谢我的父母和家人，其无私的付出使我能够全力专注于学习，顺利完成论文。我的同学张明军、张长成、张宝强、邹循豪、汪君民、王琪，以及各位学长、学弟，谢谢你们三年来的支持与照顾。

最后，诚挚感谢在我论文调查中给予支持的台江县的领导、贵州省体育局的领导和贵州省民委的领导及朋友，特别感谢台江县施洞镇的张书记、龙镇长及其他领导给予我论文调查的便利和支持。感谢质朴的巴拉河村民在调查期间的照顾与支持。感谢一切对我论文调查资料给予支持的台江县朋友，谢谢你们的热情支持。